基于文化视角的英语翻译多元探索

周照兴　陈宜凝◎著

吉林出版集团股份有限公司
全国百佳图书出版单位

图书在版编目（CIP）数据

基于文化视角的英语翻译多元探索 / 周照兴，陈宜凝著 . — 长春 : 吉林出版集团股份有限公司，2023.8

ISBN 978-7-5731-4288-7

Ⅰ . ①基… Ⅱ . ①周… ②陈… Ⅲ . ①英语—翻译—研究 Ⅳ . ① H315.9

中国国家版本馆 CIP 数据核字 (2023) 第 180458 号

基于文化视角的英语翻译多元探索

JIYU WENHUA SHIJIAO DE YINGYU FANYI DUOYUAN TANSUO

著　　者　周照兴　陈宜凝
责任编辑　沈　航
封面设计　李　伟
开　　本　710mm × 1000mm　　1/16
字　　数　262 千
印　　张　12.75
版　　次　2024 年 1 月第 1 版
印　　次　2024 年 1 月第 1 次印刷
印　　刷　天津和萱印刷有限公司

出　　版　吉林出版集团股份有限公司
发　　行　吉林出版集团股份有限公司
地　　址　吉林省长春市福祉大路 5788 号
邮　　编　130000
电　　话　0431-81629968
邮　　箱　11915286@qq.com
书　　号　ISBN 978-7-5731-4288-7
定　　价　77.00 元

作者简介

周照兴，讲师，经济学博士，广西科技大学外国语学院区域经济语言服务与工程技术翻译研究中心负责人、大学英语第一教研室主任、笔译专业硕士生导师，从事大学英语、国际贸易、国际金融、国际结算等课程的教学、实践与科研工作多年，主编和参编 9 部教材，发表专著 1 部。

陈宜凝，副教授，广西科技大学外国语学院大学英语第三教研室主任，主讲大学英语、护理英语、护理英语词汇、学术英语等课程，参编教材 3 部，主持完成广西高等教育教学改革工程项目 1 项，广西科技大学教育教学改革项目 3 项。独立完成或以第一作者公开发表学术论文 11 篇，其中中文核心 2 篇。

前　言

经济全球一体化脚步的加快，使得世界各国联系更加紧密，其中语言的重要性不言而喻，英语作为国际性标准语言也开始逐渐凸显其重要性。由于英语和汉语的较大差异以及语种所处文化环境的差异性，造成语言表述存在着一定的差异性，因此，我国与国外文化交流经常出现信息错误的现象，导致跨文化交流难度增强，不利于国际间的贸易合作。因此，如何缩短语言上的差距，强化跨文化交流，翻译就起着重要的作用。

全书共分八章。第一章为绪论，主要阐述了文化的内涵与渊源、翻译的功能与属性、文化差异对英语翻译的影响；第二章为基于文化视角的英语翻译问题，主要阐述了文化与翻译的关系、英汉隐喻和文化的互动、汉英隐喻相互借用认知；第三章为基于文化视角的英语翻译语体，主要阐述了语体与风格、翻译与语体、翻译与风格；第四章为基于文化视角的英语词汇翻译，主要阐述了英汉词汇的区别、英语词汇的翻译原则、英语词汇的翻译策略；第五章为基于文化视角的英语句式翻译，主要阐述了特殊结构句的翻译、常见英语从句的翻译、英语长难句的翻译；第六章为基于文化视角的英语语篇翻译，主要阐述了英汉语篇的特点、英汉语篇的比较、语篇翻译的衔接与连贯；第七章为基于文化视角的英语翻译方法，主要阐述了增译法与减译法、重译法与分译法、意译法与回译法；第八章为基于文化视角的英语翻译策略——以莫言作品为例，主要阐述了莫言英译作品译介主体、莫言英译作品译介内容、莫言英译作品译介途径、莫言英译作品译介受众、莫言英译作品译介效果。

本书在撰写过程中，借鉴了大量国内外相关的研究成果以及著作、期刊、论文等，在此对相关学者、专家表示诚挚的感谢。由于本人水平有限，书中难免有一些内容还有待进一步深入研究和论证，在此恳切地希望各位同行、专家和读者朋友予以斧正。

目录

第一章 绪论

现如今，世界各国之间的交流不断增加，不同国家之间在政治、文化、经济领域的联系也愈加紧密。英语是不同国家进行经济和文化交流时使用最多的语言，占据着重要地位，要想更好地与其他国家进行跨文化交流，英语翻译应该得到更多重视。本章分为文化的内涵与渊源、翻译的功能与属性、文化差异对英语翻译的影响三部分，主要包括文化的内涵、文化的渊源、翻译的功能与属性、“文化差异”与“翻译”的内涵、文化差异对英语翻译的影响等内容。

第一节 文化的内涵与渊源

一、文化的内涵

（一）文化的定义

据统计，从1871年英国文化人类学家泰勒在《原始文化》一书中首次给“文化”作出明确的界定，到现在，有关文化的定义已达300余种。目前，无论是对“文化”概念的精准界定还是对文化类型的划分，都没有一个公认的统一标准。在此，并不是要重新定义“文化”，只是试图在众多文化概念中厘清一条思路。

随着时代的发展和空间的差异变化，“文化”一词的内涵和外延逐渐变得丰富宽广，成为各学科纷纷探究、争鸣的对象。现代中国文化的概念是在古代概念的基础上结合西方学术界对“文化”的理解发展而来。随着中国学术界对文化领域的深入研究，形成了很多有代表性的关于文化的解释。例如，语言学家季羡林先生认为，文化可以从狭义文化和广义文化两个维度进行诠释，其中，狭义文化指的是哲学、宗教、文学、艺术、政治、经济、伦理道德等，广义文化指的是包括精神文明和物质文明所创造的一切东西，连汽车、飞机等都包括在内。季羡林讲的文化与我国《现代汉语词典》的表述类似，即文化是人类在社会历史发展过程中所创造的物质财富和精神财富的总和，特指精神财富，例如，文学、艺术、教育、科学等。这也是学术界较为普遍接受的文化概念学说。在哲学家张岱年和方克立看来，文化的本质是人化或者人类化，是人类主体通过社会实践对自然客体的改造中逐步实现自身价值的过程。这一观点既重视文化的历史积淀或既往成果，又强调文化的演化和创造。

综上所述，因为“文化”概念外延极为宽广，学者们在文化的理解上存在着巨大差异。无论学者们从何种角度、哪个层面界定“文化”概念，我们都可以从不同的概念中发现其中的某些共性特征，即文化是由人创造的，为人所特有的东西，是人类区别于自然界的根本标志。文化是人类在不断认识、发展、进化的过程中所产生的、被普遍认同、被广泛应用于日常生活的各种象征系统的总和。它不但囊括了所有优秀的思想、言论和形式的制度、风俗、知识等，而且还扩展到了整个社会的生活形式，因此，也是一种形式的文化实践。所以，文化既是物质的，又是精神的。各民族的文化生活具有特定的文化形态，同时也包含着不断变化的内容，总之，文化的中心体现是一种特殊的价值观。

（二）文化的分类

1. 从文化结构上分类

在文化结构方面来看，学者们从不同的视角对文化结构进行了分类。有人认为，可以将文化分成物质文化和精神文化两部分；有人认为，文化分为物质文化、制度文化和精神文化三大部分；也有人将文化分为物质层面、制度层面、风俗习惯层面、思想价值层面等。无论采用什么方式来划分文化结构，我们都需要注意其自身的划分并非其终极目标。

2. 从文化层次上分类

从文化层次上看，文化可以分为精英文化和大众文化。

（1）精英文化

精英文化是以追求真、善、美等价值为基本职能的高雅文化，具有严肃性、规范性特征。精英文化处于象牙塔的顶端，属于上层社会享受的文化。其有以下特点：

一是由知识分子创造。任何时代的精英文化都是当时时代教育水平较高的知识分子所创造的，他们拥有较多的知识储备量，接受了系统的理论知识训练。知识分子较高的理论素养也决定了他们对社会问题的敏感性，他们能够透过纷繁复杂的表面现象揭示事物的本质。

二是具有较强的社会理想性。精英文化不仅关注历史，在古代文明中挖掘有价值的文化，也指向现实，对客观现存的矛盾具有超强敏感性，还追求未来，不断超越现实。它既关注现实，又与现实生产生活的一般世俗保持一定的距离；它主张伦理的严肃性，保持着强烈的人文关怀，本身蕴含着更多的忧患意识、价值理想、悲剧精神和道德诉求。

三是追求纯正。精英文化对社会良知的守望，对艺术的精神探求和对精神世界的终极思考，使得它骨子里透着一股傲气，思维模式杜绝一切媚俗。这决定了精英文化不仅追求文化的纯正性、规范性，倡导文艺创作应该追求审美的理想性，保持高雅追求，杜绝毫无深度的娱乐和媚俗；而且由于传统的东西往往刻在民族的灵魂中，因此，精英文化对异质文化具有极大的排斥性，难以与外来文化相融合。

（2）大众文化

大众文化是另一种文化，是随着工业的发展，物质产品不断丰富，消费逐渐兴起而形成的。它产生于市民之间，反映了大多数民众的文化取向和心理，被广大百姓所认同。其有以下特点：

一是通俗性。因为通俗易懂，易于被广大人民群众所接受。

二是可流行性。大众文化通过现代媒介大范围地迅速传播，受到社会各阶层的欢迎和推广。

三是商品化。生产商往往抓住大众文化符合广大人民群众消费偏好这一特性，大批量地生产复制，获取可观的经济效益。

二、文化的渊源

（一）中国文化的渊源

1. 中国文化的起源

中国文化的起源是一个漫长的发展过程。中华文明绵延不绝，灿烂辉煌，富有特色。中国文化与中华民族的命运相连，虽然历尽磨难，却多次奇迹般地新生，为人类文明进步作出卓越贡献。

2. 中国文化的发展

中国是世界上少有的从来没有中断过自己文明的国度，显示出其强大的生命力，这是由多种原因形成的。

首先是中国文化的追求所形成的，既有自强不息的进取，坚韧不拔的意志，又有厚德载物的刚毅沉着，追求和平发展、天下共荣的大德大善。这是人类文明的崇高精神与品格。从地形上看，其西面是高原，东面发源黄河与长江两条伟大的河流，贯穿整个国家。它的南面与北面，都有高耸入云的大山，中原地区形成一个巨大的盆地，面向太阳升起的东方与浩瀚的大海。所以，八方风雨汇中州，在中原地区出现比较早的文明国家，以河洛为典型，汇聚了来自四面八方的文化。事实证明，人创造世界的同时，也创造了自身，要发展自我，不断提高自我，就需要在前进中保持理性，不能完全放纵自我。德国思想家歌德在《浮士德》中借人之口向世界发出“真美啊，请等一等”，正体现出这种文明精神所具有的普遍性。所以，中国神话之神，既是人间的狂欢，宣泄人间的各种情绪，形成愉悦，不断解放自我，也是把握自我、保护自我的一种方式。这其实才是文明精神的健康体现。因此，中国神话不仅仅属于古代文明，而且属于社会现实，属于人类的未来。其中所具有的民族精神，值得我们深入思索与探讨，值得我们发扬光大，从而让世界更加美好。

其次，最重要的是社会历史发展形成了中国精神、中国道路和中国传统，深刻影响着中国社会的发展。随着社会的发展，中国文明的中心、重心也在不断发生变化，出现过多次转移。历史上流行“得中原者得天下”的话语，亦如西汉史学家司马迁在《史记》中所说，“昔三代之居，皆在河洛之间”。然后，在西边的长安、咸阳、兰州、敦煌等；在大西南的成都、重庆和昆明等；在南方，包括东南的南京、杭州、苏州、扬州和广州，包括东面的上海；在北边的北京、保定；等等，都成了文明的中心、重心所转移的地方。其每一次转移，都意味着时代发生变化和新的文明诞生，形成新的文化格局，也标志着新的民族精神与文化精神。中国文化百花盛开，形成各种文化的大汇聚、大一统，形成相互之间的补充、融汇，从而构成中华民族文明不断融入生机与活力的文化发展道路。

（二）西方文化的渊源

1. 西方文化的起源

西方文化起源于古代的希腊文化和罗马文化。约在公元前 4000 年及公元前 3000 年初，西欧广大地域首次有农耕者居住。在几千年的时间里，欧洲最发达的地区是最早被农耕者移居的东南部爱琴海地区，希腊的克里特岛是爱琴海南端最大的岛屿，地理、气候、交通条件俱佳，是欧洲第一个兴起高度文明的地方。古罗马国家建立在意大利半岛上。半岛上多河流，地理、气候等自然条件比希腊优越。古罗马城就建在第聂伯河南岸。意大利气候良好，雨水充足。公元前 8 世纪，其农业和手工业已相当发达。城邦制是希腊历史的关键，城邦的出现是希腊特殊的地理环境决定的。希腊半岛上的一块块小平原，形成了天然的政权单位，小国寡民的规模就是它的特点之一。整个希腊半岛包括数以百计的城邦，每个城邦都以城市为中心，周围有乡镇。城邦是城市和周围农村构成的整体，雅典和斯巴达是最大的城邦。希腊各城邦对外开放，各城邦之间以及各城邦与东方各国之间的商业和贸易往来十分频繁。他们互相学习，并从东方学到了炼铁和铸铜技术，使手工业（如冶金、造船等）和制陶业以及工商业都得到了发展。希腊的殖民扩张从公元前 8 世纪起，历时两百年之久。这个划时代的运动，使各城邦产生了由共同的血统、语言、文化和宗教信仰联系起来的觉醒意识。它改变了整个地中海地区的面貌，把希腊文明传播到更远、更广的地方去。

2. 西方文化的发展

古希腊、古罗马的民主政治制度是其文化形成和发展的又一重要因素，古希腊的社会政体浸透着民主精神。在广泛的城邦移民运动中，殖民者逐渐建立了海上霸权。在雅典战胜波斯并建立海上霸权时，主要是依靠海军力量，海军成员主要是第四等公民，即平民，因此，他们感到自己在国家生活中应占有重要地位。平民领袖工商奴隶主的代表人物伯利克里推行雅典城邦的奴隶主民主政治，实现了公民各阶层较为广泛的联盟。当时，雅典大会是雅典国家的最高权力机构，决定内政、外交、战争、和平等国家大计。奴隶主民主政治有利于雅典经济和文化的发展，在当时的历史条件下起了积极的作用，对后来的古罗马政体有着直接的影响。古希腊、古罗马的奴隶制国家政体，充分地表现出与古代东方不发达的奴隶制政体的不同特征，使奴隶制得到了充分发展。奴隶主贵族专政虽然发生过，但工商奴隶主民主政治始终以不可战胜的姿态发展着。在工商奴隶主及其民主政治为主的国家里，看不到古代东方那种世袭制和家长式的管理国家的形式，它为现代国家开创了先例，其民主精神对后来的西方文化产生了深远的影响，古希腊的民主制度和广泛的自由精神是后来欧洲民主和自由传统的基础。

古希腊和古罗马的文化，在文学、艺术、哲学、史学等方面都有着辉煌的成就，在人类文化发展史上作出了巨大的贡献。公元前 11 世纪至公元前 9 世纪的文化遗产主要是“荷马史诗”，包括《伊里亚特》和《奥德赛》两部作品，相传由古希腊诗人荷马所作。荷马史诗对后世欧洲的文学艺术产生了深远的影响。公元前 5 世纪是希腊奴隶制城邦的极盛时期。此时，文化戏剧在雅典得到了空前的繁荣，出现了雅典三大悲剧作家：埃斯库罗斯、索福克勒斯、欧里庇得斯和喜剧家阿里斯托芬。

第二节　翻译的功能与价值

一、翻译的功能

（一）文化翻译产生翻译文化

文化是一种社会体验，只能通过社会生活的实践来获得。文化是一种动态的、具有多种传播的形式，其传播并非简单封闭，而是从多个维度上折射出各个国家的文化形态。文化资讯的传递，既是对物质文化的描写，又是对价值观、思维方式、社会心理、情绪等精神维度的理解、选择与同化，并在商业活动中共同应对各种复杂的关系和不同的转换。

文化是翻译的内容，而翻译又是一种文化。不同的文化分布是不同的，它们通过翻译得到了融合和传承，人类社会的发展历程就是对不同的文化进行翻译。

文化造就了一个五彩缤纷的真实世界，而翻译则因文化与社会的界限而产生了文化与其他文化信息的交流，这就是文化的发展，它创造了一种以人文的形式传播文化信息的公共文化。翻译是对文化符号进行解码和编码的一种方式，是与文化相融合的一种方式。

（二）翻译传播的社会文化功能

翻译的功能是以社会、文化为中心的，而社会的变化、文化的发展常常与翻译工作者的发展息息相关。翻译既可以“颠覆”文化和社会体系，又可以推动文化和社会体系的改变。古罗马文学与古希腊文学的翻译是其产生的主要原因。五四运动时期，我国大力提倡西学，翻译推动了近代语言的产生与发展。这是一个迅速发展的中国社会与历史，它无疑证明了翻译的社会与文化作用。

二、翻译的价值

文化交流是促进人类发展的必要途径，是推动全球一体化进程的关键要素。世界各国的文化形态、文化形式和文化类型存在明显差异，可以通过文化交际的方式，使不同国家及地区在优势互补、协同发展的过程中，构建良好的文化交流环境。

英语翻译就是中西方文化交流的重要形式之一，通过深化交流的方式，为我国与西方国家的贸易发展、政治交流和文化共融提供必要的条件，规避文化交流中不必要的冲突和矛盾。通过英语翻译，还可以帮助我国更加充分地认识和了解西方文化，改变我国社会大众对西方国家固有的刻板印象。

在文学创作层面，英语翻译可以将西方的创作理念和创作方法，呈现在我国文学创作者面前，让我国的文学创作能汲取西方文学的优势，提升文学作品的国际性特征。例如，在新文化运动中，鲁迅、胡适和陈独秀通过发起文学革命运动，让更多的西方文学作品呈现在我国读者面前，使我国文学作品在中西方创作的过程中获得成长，也使文学创作语言得到创新，并在思想文化的层面上，为新中国的建立奠定了坚实的基础，同时也为现代汉语的形成与发展提供了契机。

在文学创作理念上，文学翻译可以帮助文学创作者摆脱传统文学在题材上的限制，形成多种形式的文学创作体系。因此，英美文学作品翻译拥有的价值和内涵较为丰富、独特，无论在宏观上还是在微观上，都能为我国文化事业的健康发展提供必要的条件。

第三节 文化差异对英语翻译的影响

一、“文化差异”与“翻译”的内涵

（一）文化差异的内涵

“文化差异”是指由于生活在世界各个国家或地区的人因其所处的自然地理环境与社会前进方向等因素存在着不同的差异，从而引起人们在思维方式、行为习惯、社会风俗及语言文字等众多领域，包括内涵、特点等方面出现的差别化现象。对于同种事物的不同表述或不同理解则是这种文化差异所带来的最明显、最直观的表现。

1. 文化差异的表现

（1）中西方文化语言差异

美国翻译理论家奈达（Nida）指出语言在文化中对语义、习语含义的影响如此带有普遍性，以致在不仔细考虑语言文化背景的情况下，任何文本都无法恰当地加以理解。

中西方文化在词语的表达和内涵上的差异极具代表性。词语的文化内涵包括词语的指代范畴、情感色彩和联想意义，以及某些具有一些文化背景的成语、谚语。以最受西方广泛欢迎的中国茶叶为例，可以明显地看出文化的差异性。在英语中，茶的基本含义与汉语是一致的。但两者也有不同之处，例如，在表达茶的种类方面，在英国，tea 一般指的是绿茶，而对于红茶的表述，英文则是 black tea。在关于茶的谚语或者习惯短语中，中西方文化存在明显差异，例如，英语中 all the tea in China，仅从字面上难以理解其中的意义，需要充分了解西方茶文化的起源等文化因素。茶叶原产于中国，在引入欧洲之时，仅为少数贵族享用，普通民众是不能享用到茶叶的，在欧洲社会，喝茶是上流人士身份和财富的象征。在这种文化环境中，all the tea in China 表达的是“巨大的财富”之意。这个短语常被用于口语否定句 Not for all the tea in China 中，表示“给我世界上最多的财富，我也不做某事”。

（2）中西方文化行为差异

中西方文化的差异还表现在行为举止上，同样以茶为例，中西方文化行为在对茶叶的接受和使用上，有着明显的差异。在中国，茶叶按照发酵与否分为发酵茶和非发酵茶两种，绿茶属于非发酵茶，由于未经过发酵，绿茶保留了茶叶的天然成分，味美新鲜，甘之若饴，深受大家喜爱。在英国，红茶受到偏爱，这是由英国的地理环境和远洋运输等因素造成的。在茶叶的饮用方式上，中国人青睐清饮，而欧美国家常有混饮的习惯。另外，在茶叶的使用上，中国具有独特的文化寓意。例如，在民间婚礼中，聘礼中茶叶等被称为下茶，寓意像茶树繁衍一样子孙满堂。婚礼中，晚辈向长辈献茶、亲朋向新婚者献茶，也是这种文化的体现。相比之下，在欧美国家的茶文化中缺少了这样的文化内涵，但是形成了独特的下午茶和茶舞会文化，这是欧美国家对闲适生活方式的追求和灵活的人际交流方式的体现。在欧美下午茶和茶舞会文化背景下，有一个突出的例子是“ a tea hound”，英语中 hound 专指沉溺于某事，但是“ a tea hound”仅从字面上以母语语义理解是茶迷者，事实上这种理解忽略了欧美文化上的差异性。在欧美，人与人的沟通与交往具有开放性和灵活性，由于下午茶和茶舞会广受欢迎，因此，通过饮茶实现人际交流具有普遍性。沉溺于茶事活动的人往往被人理解为热衷于在交际场合追逐年轻貌美女性的花花公子。引申的含义与原意大相径庭，只有结合欧美独特的茶交际的文化背景，才能理解其中的正确含义。

（3）中西方生存环境的差异

东风在我国传统文学作品中拥有“温暖”的含义，西风则拥有“悲凉”“悲怆”的内涵，而欧洲由于特殊地理条件，西风具有“温暖”和“美好”的象征意义，如英国浪漫主义民主诗人雪莱的《西风颂》。

2. 文化差异的成因

文化差异的成因与历史沿袭、社会经济结构、日常社会交往、社交礼仪等因素有关，与人们的生活习惯、宗教信仰、价值观念、文化渊源等有很大关联，尤其与人们的生活方式，当地的经济、政治、艺术、文化等多方面密切相关。在这些方面，地理位置和历史沿革是显性的，也就是外在的表象，它的表象是直接的、突出的，价值观念、文化渊源等则是一种隐性因素，也就是一种内在的表达方式，会对语言产生一种潜移默化的影响，而其影响则更为深远。

（1）从历史沿袭来看

世界上各个国家和民族的历史背景都有其独特性。历史的前进方向就是文化的前进方向，有什么样的历史，就会孕育出什么样的文化，这种差异化的历史催生出差异化的文化。在漫长的历史长河中，一定历史背景下的人民在长期的共同居住中逐渐形成了符合本国家和本民族发展趋势及气质特征的文化。这种文化并不是与生俱来的，而是人们通过后天的努力才能够获取的行为倾向和心理特征。这些趋向促使着相同的人组成群体，而这些行为趋向和心理特征也将群体中的个体紧密相连。

古代中国长期处于封建制度下，并且长期以皇帝作为权力的中心，采取中央集权制。这种制度起源于秦朝，并在清朝达到顶峰。皇帝具有至高无上、无人可比的绝对权力，且不受国家机制的制约。皇位世袭，大多情况采用嫡长子继承制。所以汉语中涉及君权、皇权的词语和语句非常多。中国强调“君臣、父子”，讲究长幼尊卑、伦理秩序、三纲五常。为了彰显、维护等级制度的尊严，在日常交谈、撰写文章时，若遇到君王、长官、圣贤、长辈等人的名字，常常以相近或相似的文字来代替，以防冒犯其尊贵的地位，来显示对其的尊敬、恭顺。在东汉光武帝刘秀时期，“秀才”为了避讳被称作“茂才”；古代将黑色命名为“玄色”，但因为康熙帝名“玄烨”，故康熙年间就叫“元色”来避讳。汉文化中讲究尊卑观念，常常使用尊敬的词语来指代他人，而自己则用代表谦卑和谦让的词语。在汉语中尊称比较多：“令”字，可以延伸出令尊、令堂等尊称；“尊”字，可以延伸出尊夫人、尊嫂；“贵”字，可以延伸出贵公司、贵校；“高”字，可以延伸出高寿、高足；“老”字，可以延伸出叶老（先生）；“玉”字，可以延伸出玉貌、玉女；“下”字，可以延伸出陛下、足下、殿下等表示尊重的称谓。谦称使用得也很广泛，用弱化、谦化的词语来表现出自己的谦卑、谦逊，以此来表示对他人的尊重。例如，用“鄙人”来谦虚地称自己。

从英国的历史发展来看，虽然王权制度由来已久，但国王的权力几经消长，专制君主的王权不断被削弱，最后确立了君主立宪、统而不治的制度。美国并未受到封建制度的束缚，现代美国的历史是从移民历史开始的。波士顿的第一枪不仅打响了美国独立战争的枪声，更为美国带去了独立、自由、平等的意识。受古希腊文化影响深远的西方国家，都认同“公民”的平等身份，都崇尚“自我”的独立意识。所以与汉语相比，在英语中鲜有避讳君王和长辈的说法，甚至在给新生儿命名的时候可能会使用多个长辈的名字来表达美好的祝福。同时，在使用尊称和谦称上也显现出了特别的不对等性。在尊称上，英语与汉语相比较少。称呼语（vocative）大致可分为两类，一类为非独立称呼语（independent vocative），另一类为独立称呼语（dependent vocative）。在非独立称呼语中，Mr. 用于对男性的尊称，其含义等同于汉语的“先生”，Mrs. 用于对已婚女性的尊称，译为“夫人”或“太太”，Miss 则是对未婚女子的尊称，相当于汉语的“小姐”，Ms. 是对女性的尊称，不论其已婚或未婚，都可以使用，可译为“女士”。对于独立称呼语，sir 用于对男性的尊称，相当于汉语的“先生”或“阁下”，madam 或 ma'am 用于对女性的尊称，相当于汉语的“女士”。对于王公贵族，用 Majesties 来指国王和王后、女王及其丈夫、王族及王室成员们。Your Highness 译为“殿下”，是对皇亲的尊称。在英语中，鲜有谦辞的用法，最常用的可能只有 your servant 等少数几个词汇，与汉语众多谦辞相对比起来显得有些单薄。汉语的“拙见”也只能译成“my opinion”，英语翻译后的结果远远没有汉语语义丰富。

（2）从文化渊源来看

以孔、孟、荀为代表的儒家学派对中国文化的影响十分深远。儒家学派以仁、礼、德为中心，重视人伦关系，推崇仁爱原则，强调道德秩序。从“克己复礼”“存天理，灭人欲”等中可窥出，这种学说可以称得上是一种“世俗化的宗教”，对于个人的言行及信念有着约束作用。所以中国文化更多体现出“按规矩办事”“规行矩步”的特点。中国文化重视“乡土情怀”，讲究“家国情怀”“集体主义”，以奉献、保全大局为重，从“众人拾柴火焰高”“先天下之忧而忧，后天下之乐而乐”等名句中都可以看出这一点。

西方文化则以“个人主义”“英雄主义”为核心，经过早期移民、独立战争、南北战争的美国人世世代代坚信，只要通过自己的努力，就可以获得更好的生活，人们坚信通过自己的努力就能创造价值。“All for one，one for all”这句话出自法国作家大仲马的《三个火枪手》，翻译为“人人为我，我为人人”，原本起源于基督教的教义，后被 17—18 世纪的欧洲经济学家和伦理学家引申为合理利己主义的一个命题。在这里，个人是位于集体之前的。所以，在西方文化中，“个人主义”的色彩较为浓厚。这一点在我们汉文化中是不提倡的，在翻译的过程中要注意这方面文化的转化。

（二）翻译的内涵

“翻译”既是对作品的二次创作，又是沟通不同文化间的最佳桥梁。它的意义不是将两种文化互相“等同”，而是将两种文化的内涵和信息进行“相互传递”。这也就意味着，在我们进行二次“创作”时，并不仅仅要翻译语言文字，更应该注重如何才能在保留原有文化内涵的基础上同时附加好差异文化的符号，进行“中国化”或是“西方式”的处理，把原语中所要传达的文化内涵再次呈现在目的语中，实现文化层次的对等。同时，也要充分体现翻译的“美感”，让读者能够在阅读书籍、文章的过程中达到身体和心理的和谐愉悦，给读者带来“原著感”，从而激荡读者的情感、引起读者的思考、洗涤读者的心灵、唤醒读者的共鸣。

（三）文化差异与翻译的关系

中外文化之间呈现出显著差异，英语翻译阶段可能出现词汇空缺的问题或者词义不对的问题，前者主要是翻译结果不能体现出原文的意图，后者是翻译阶段词汇的翻译结果不能和原有含义存在关联。这些问题一直以来都存在于汉英语言的翻译沟通中，若尚未深层次研究，势必会增加翻译错误出现的概率。作为翻译工作者，在开展翻译任务期间，不单单要分析国家文化背景，还应具体理解国家语言的表达形式等。

在经济全球化趋势下，我国和其他国家的沟通逐渐频繁，那么跨文化交流的重要性便日益突出。英语是跨文化交流中较常用的语言，细致化研究翻译技巧可促进信息沟通与传递的正确性，控制因为语言沟通不顺畅引出的多种多样的问题。跨文化视角转换可推动不同国家间的文化传承，进一步确保翻译工作能够依旧体现出母语文化的准确传达效果，有效地完成国家文化内涵的继承与发展。

二、文化差异对英语翻译的影响

由于历史条件以及不同统治下产生的社会条件等相关自然因素出现了一定变动，所以不同国家会表现出差异性的历史创新进程。在历史的长河中，我国与其他国家建设的社会条件和历史条件呈现巨大差异。长时间以来，我国主张文化间的和谐统一，站在整体的视角下挖掘问题本质，西方地区强调思维开放。因此，在翻译英语阶段，不只是关注视角转换的应用，还应围绕实际翻译需求翻译好文本。

（一）文化习俗方面

文学创作是思想表达、情感抒发的过程，其原始动机是激发人类的深层次的情感。各类唐诗宋词和现代诗歌作品，都能在某种层面上为读者带来不同的情感体验，如激愤、热烈、欣喜和哀伤等。在文学艺术的历史发展中，文学带来的功能和作用逐渐从感官上的“激发”和“感染”转变为思想层面上的引导。例如，《呐喊》《警世通言》《菜根谭》等都拥有鲜明的思想意义和价值。上述作品文学功能发挥的前提是对语言文字、故事情节和人物刻画的雕琢，而人物刻画与情节编织，便涉及艺术真实的问题，创作者需要完整地呈现角色所处的世界，使角色在某种程度上能引发读者的共鸣。因此，文学作品对社会文化、民俗文化、文化理念和文化习俗的渗透，有其鲜明的必然性。在英美文学作品翻译中，翻译者会接触到多种形式的文化习俗和文化理念，个别的文化习俗甚至与我国存在明显的差异和区别。例如，在语言应用上，西方人通常会以圣经典故阐述事实，或应用相关的俚语、俗语，而针对“下午茶”等文化习俗，如果翻译者不能很好地对其进行释义，很可能导致读者不明白其中的含义，进而难以明确作者在角色刻画上的用意。在英美文学创作中，西方创作者普遍通过象征性符号（词汇、动作、场景）刻画人物，例如，在语言上通过“忠诚而愚昧的朝圣者”刻画角色，在思想理念上的客观和迂腐，如果翻译者缺乏对“朝圣”的理解，必将会影响角色的刻画质量。

（二）文化内涵方面

实际上，翻译不仅可以帮助两种语言之间进行交流，更充当了两种文化之间互动的媒介。作为译者，想要高效、准确地译出原文，深入了解两种文化的内涵，要比掌握多个语言知识更加重要。在翻译实践中，不可避免地会产生不同文化间的思想碰撞。在提升翻译成效时，相关人员应事先了解文化差异现象，这也是翻译工作质量保障的关键环节。翻译工作者想要灵活地运用语言，对另外一种语言加以完整的含义表达，就要对某种语言进行学习，分析其文化内涵，挖掘深层次的语言特殊文化。在英语翻译的过程中，翻译者应从跨文化转换视角层面，以掌握国家地区的文化背景为基础，保障翻译结果得到读者肯定，实现翻译目标。

（三）生活习惯方面

受历史发展、地理环境、政治经济水平等因素影响，不同国家区域中的人们有着不同的生活习惯和模式，对应的风俗习惯也会表现出差异性。在饮食上，中国人更多的是讲究口感，且荤素均衡；西方人更多的是注重营养，多食肉类和蛋白质丰富的食物。语言是民族文化的基本组成项目，和民族文化之间紧密相关，本质上也是民族风俗的整体体现形式。不同的生活习惯会引出文化差异性，翻译阶段要避免照本宣科，不然会出现翻译错误。翻译人员要全方位围绕实践语境，比较多个国家之间的风俗，探索共同点，由此保障英语翻译工作顺利进展。

（四）思维形式方面

由于生活习惯和历史文化的差异，不同国家的人的思维习惯和模式也不相同。西方地区人们的思维模式是多元思维，句子结构多为树杈型，把主谓结构视作树干，即句子核心，再获取与此相关的短语和从句；中国人则是形象思维，强调语义的传达，常用的是流水型的句式结构。中国和英国对于时间和空间的表达上也不尽相同，中国人在写家庭住址时是从大到小的顺序，依次写国家、省份、城市、门牌号。在英国正好相反，先写门牌号，最后标明国家。在时间的表达方式上，中国人是年、月、日，思想上属于从整体到部分的表述方式，而在英国就截然不同，是日、月、年的表述，属于从部分到整体的分析思维模式。思维方式的不同导致了语言表达的不同，在翻译时要注意。因此，语言的翻译是重点，语言是思维的外在体现形式。在变化莫测的世界中，社会环境让人们的语言表达模式呈现差异。与此同时，思维文化代表着民族地区的特殊性习惯，贯穿于文化习俗与文化思想中，依托语言局部的形式充分凸显。思维形式代表语言表达力度，任何语言都涉及特殊思想状态和翻译者对语言的理解能力，所以翻译人员应思考到思维模式的不同，若单单从表面上翻译，可能存在潜在的理解错误，应以跨文化视角转换为前提进行翻译工作，让翻译目标更为清晰，适应目标语应用的思维习惯要求。由此，在英语翻译阶段，翻译人员应强调各个国家文化的差异性，科学地利用好英语翻译技巧，让译文达到显著的翻译成效。

（五）宗教信仰方面

中国汉语结构之所以拥有多样化的表达形式，与其所拥有的历史背景存在紧密的关系。根据考古发现，我国汉语形成于约公元前1200年。在不同时代和朝代的影响下，汉语在语言结构和形态上发生了深刻的变化，但依旧保留着古代汉语的神韵，英语则形成于西方的殖民统治时期，普遍受圣经文化、古罗马神话和古希腊神话的影响。因此，在历史文化层面，汉语拥有一脉相承的特性，而英语则拥有多元性、多样性的特征。

通过相关理论研究可以发现，英语在形成与发展的过程中，普遍受多样文化的影响和制约，导致西方文化在文学作品渗透中呈现较为多元化的特点。古罗马、古希腊神话是西方文化形成的根基，对西方人的生活理念、价值取向和思维方式的影响较为显著。因此，在文学创作的过程中，英美作家会潜移默化地将古罗马、古希腊神话或者圣经文化渗透于作品中。例如，《尤利西斯》便是以普通人一天中的种种经历，象征神话人物奥德修斯的冒险历程，使神话与现实充分地交织。《达·芬奇密码》充满了“圣经文化”和“圣经色彩”，整部作品以基督教背后的真相为索引，从侧面解读“圣经”的内涵。在《野性的呼唤》《嘉莉妹妹》《德国，一个冬天的童话》中，圣经文化对西方人日常生活的影响，更是随处可见。我国传统文化却很少受到圣经文化、古罗马和古希腊神话的影响，因此，在文学作品翻译的过程中，翻译者会对其中出现的神话符号、宗教符号或者其他象征符号感到手足无措。

在民族文化的组成体系中，宗教是一个组成分支，代表着某个民族的信仰文化，尤其是不同民族处于崇拜思想和禁忌思想层面的文化差异。总体而言，东西方之间有显著的宗教信仰差异，西方地区人们信仰基督教，使得语言及宗教两者呈现出紧密关系。所以人们心目中的宗教信仰是不相同的，语言会在一定程度上表现出宗教意味。在我国，不同宗教的文化内涵是不同的，对语言产生的影响也存在差异。英语和汉语里与宗教信仰存在关联的内容比较多，我国古代流行的便是佛教及道教，各个宗教在人们心中留下深刻印象。所以翻译人员一直强调宗教信仰因素，拥有大量的翻译知识技能便是提高翻译准确度的基础。

三、文化差异下英语翻译的技巧

通过明确中西方文化差异及其具体的表现形式，可以厘清英语翻译的侧重点和主体方向，能从文化的角度出发，将作品拥有的思想价值和文化哲理全面有效地呈现在读者面前。在翻译的过程中，需要从以下角度出发，提升英语翻译的质量和效率：

（一）归化策略技巧

跨文化视角转换英语翻译技巧。所谓归化策略指的是英语翻译者把源语言加以读者接受和熟知的语言模式转换出来，由此，读者可以领悟语言和文化的关系，了解语言文化本质魅力，减少沟通障碍。英语翻译备受社会背景与文化生活的因素制约，不利于保障翻译人员的翻译效率，要想转变相关情况，确保译文与读者的具体需求达成一致，应将原文运用归化策略处理。在运用归化策略翻译时，译员要严谨地结合语言规则开展翻译工作，使得读者能够感知到翻译的效果。除词语间的视角转换，句式之间也应适当进行转换。英语多为显性的被动句式，而汉语则多是主动句或隐形的被动句式，要根据源语言的含义，选择合适的句式进行翻译；在不同文化背景的影响下，人和人的思维模式不同，可影响到人们对其他类型逻辑思维形式的感知程度。英语和汉语存在表达的不同，所以在具体翻译阶段要针对性地转换视角。

（二）相悖策略技巧

要想高效率完成语言转换，翻译人员应思考多个影响因素，尤其是特殊的语言背景及文化背景。在了解语言背景与文化背景之后，从多个维度上对待语言转换问题，完成语义翻译操作。换言之，在英语翻译阶段，翻译人员要运用相悖策略技巧，也就是要通过异化的翻译形式对多个语言文化加以转换，异化翻译策略涉及正反语与正反语言形式。在英语翻译活动实践中，翻译人员要掌握词性灵活性的特点，完成正反词的转换翻译。采用正反词的转换思路，可使句子更加通顺连贯，读者更易接受翻译作品，提高英语翻译成效。例如，将“wet paint”翻译成“油漆未干”更流畅，也更符合中国读者的语言习惯。因此，翻译人员一方面要结合原文的含义完成语言转换，另一方面也要保障译文的流畅性。

语态相悖也是英语翻译中常见的问题，更是翻译实践的关键。由于思维方式的不同，中国人强调主体意识，注重主观体验。汉语体现以主体为中心的思维方式，在描述客观事实时，多用主动语态；英语为体现客观公正，避免人们的主观臆断，多用被动语态。在翻译主动语态及被动语态时，译者要考虑汉英两种语言表现出主语、谓语的翻译不同性，明确不同语态和主谓关系，采用适当的转换方法确保翻译的正确性和连贯性。

（三）隐喻意译翻译技巧

英语各个语段内都有隐喻的现象，这会在一定程度上导致读者对译文的理解困难，因此，隐喻的翻译技巧也应被重视起来。在翻译隐喻内容时，可采用将隐喻转换为明喻的方法，把复杂句简单化，更便于读者接纳和理解。虽是简单句，但隐喻翻译的技巧也要体现出英语翻译的规范性，表现出跨文化交际活动的内涵。因为语言的特殊性，不同语言在具体翻译阶段不能完全找到对等语。在选词时，要尊重不同国家的文化习俗，确保词语取义正确，避免造成误会或影响翻译质量。

（四）转换翻译技巧

1. 词类转换

在英语翻译活动中，应重视跨文化视角转换翻译，以保障翻译质量，而其中，词类转换技巧需要重点掌握。词性转换与名词形式和动词形式以及形容词形式都有内在联系。在英语语法中，每一句话，只能包含一个谓语动词，而在汉语环境内，使用动词不会和上面的情况吻合，可能会出现零谓语动词或多个谓语动词并存的情况。因此，在翻译时，必须结合句法结构，完成词类的转换，往往会运用名词转动词，或动词名词化等处理方法。所以英汉文化有着文化内涵的差异，名词在英语翻译中使用的频率比较高。英译汉时，动词也常以汉语名词的形式表现出来。

2. 虚实转换

因思维习惯的差异，在同一意境的语言表达中，汉语和英语使用的词汇会有所不同。为确保翻译足够准确，必要情况下应强调虚实转换。例如，在翻译句子“Beauty is but skin-deep”，这里的 skin 一词原本是具体的实物，但是翻译成汉语时，要化实为虚，采用抽象化含义，译为不可以貌取人。两者的翻译表明，翻译不是字与字一一对应的关系，而是对等的关系。规范化应用虚实转换技巧，有利于减少语言环境及文化背景对翻译效果的影响，也符合跨文化视角的翻译要求。

3. 形象转换

由于民族、文化、历史、地理环境、风俗、价值观等方面的差异，翻译形象有时也表现出明显的不同。在汉译英或英译汉的翻译活动中，译者要辩证地对比，对源语言中的形象是选择保留还是进行转换，要处理恰当，避免产出晦涩难懂的译文。为防止这类问题发生，在进行具体的翻译活动时，可适当采取归化的翻译策略，将抽象的形象具象化，或选取符合目的语国家读者阅读习惯和需求的形象进行转换。例如，在翻译“like a cat on hot bricks”时，可运用形象转换法译为“热锅上的蚂蚁”。因此，在源语言与目的语的文化表现出不同的内涵时，翻译人员应全方位思考汉英表达差异，多次分析语言意象，由此强化汉英翻译的形意兼备成效。

四、文化差异下英语翻译的策略

（一）英美文学翻译应有“侧重点”

从文化交流的角度出发，翻译者应尽量保留英美国家独有的文化内涵、文化形式、文化内容和文化思想；从作品翻译的角度出发，翻译者又需要对翻译作品中的文化内容、文化现象进行删减，以此让英语翻译更契合我国读者的审美特点。因此，在看待中西方文化差异问题上，翻译者应保留作品中的文化习俗、文化理念，替换掉容易引起误会或误解的文化性词汇。部分词汇或事物在西方有贬义，而在我国有褒义。我国部分词汇或事物有贬义，然而在西方有褒义。因此，在内容理解、意义呈现的过程中，翻译者应将其转变为我国读者能理解的事物；在内容层面上，如文化习俗等，翻译者可以对其进行完整的保留，以便我国读者对其有更好的认知和理解。例如，在翻译 It has a Christmas atmosphere. All the tall Santa Claus are standing in the corner shaking the bell，and the Salvation Army girls-who don’t wear lipstick and rouge on their faces，are also slowly ringing the bell 时，可以将其直接翻译为：这很有圣诞节的氛围。所有那些高高的圣诞老人都站在墙角摇着铃铛，还有那班救世军姑娘——脸上不涂口红和胭脂什么的，当然也在那慢慢地摇铃铛。简而言之，英美文学作品翻译的侧重点就是从文化呈现和读者理解的两个角度出发，替换掉英语语言中难以让人理解的文化语句。

（二）加强对英美国家文化的认识

结合英语翻译的侧重点，翻译者应加强对英美国家民族文化、民俗文化和历史文化的理解。通过对文化思想、文化理念和文化行为的认识，深化对文化作品中的象征符号、象征意识的认识，提高英美文学作品翻译的质量。

深入分析和探究古希腊、古罗马神话和圣经文化，并根据不同文化形态对西方人思想、行为带来的影响，探究文学作品本身的内涵。文学作品在文化渗透和融入的过程中，主要有两种情况，即有意识和无意识两种。有意识的文化表现即利用特定的文化内涵、文化思想，深化作品主题和层次，让作品拥有鲜明的主题。例如,《天使与恶魔》《地狱》《第九道门》等作品普遍是通过宗教文化表现作品主题，只有翻译者深入地理解圣经文化和相应的宗教文化，才能更全面地呈现或表达作品的主题。无意识的文化表现主要指描述人物或事件涉及的社会文化、民俗文化，翻译者需要从角色塑造、事件推动的角度出发，使文化呈现有“侧重”。例如，在《丧钟为谁而鸣》中，海明威借助对传统节日的渲染和烘托，突出主角孤独而荒凉的心态。因此，翻译者应针对性地翻译“cheerful”“happy”等词汇，而不能对其进行省略处理。在词汇选择上，尤其蕴含文化意蕴的词汇，翻译者应通过明确神话文化或圣经文化在作品中的意蕴，从而筛选出最具代表性的汉语词汇。例如，The horn of God sounded on the waves 可以翻译为“上帝的号角在平静而荒芜的海平面上响了起来”。在《尤利西斯》这种象征性较强的文学作品翻译中，翻译者必须明确作品背后的神话内涵，了解神话人物奥德修斯的人物特征及其所代表的精神。唯有如此，在作品翻译的过程中，才能让角色的象征意义更加鲜明。例如，The phantom joy was hidden and smoked with musk 可以翻译为“幻影般的欢乐被藏了起来，用麝香熏过的”。原文讲述史蒂芬在家道中落后看到妻子时的愉悦情景，对应奥德修斯拒绝妖女诱惑的神话桥段。因此，在翻译该句子时，需要结合作品的神话背景，用“幻影般”突出“欢乐”的虚无和“稍纵即逝”。

（三）增强对西方文学语言的把握

中西方文化差异不仅表现在文学作品内容上，更体现在文学作品的形式上，即文学作品的表现形式、技巧技法、创作风格和文学语言等。如果忽视英美文学作品在特征特点上的文化差异，易导致翻译者难以明确作品的主题、要点和特色，进而严重影响英美文学作品的翻译质量，其中最为显著的影响就是欧化语言的出现。欧化语言在新文化运动时期便得到了较为广泛地应用，被鲁迅、沈从文、胡适等人推广，但文学大家的欧化语言建立在古汉语的前提下，注重对语言完整性、审美性和艺术性的探究。我国近些年出现的欧化语言则指对英语句式结构不加修饰地、不加优化地进行翻译。例如，雷切尔·林德的家就在安维利大街向下斜伸进山谷的地方，四周长满了梢树和野生花草，一条小溪横穿而过，源自老卡斯伯特家农场的树林。这种翻译手段虽然能充分地展现作品独有的信息，但难以契合我国读者的阅读习惯。

因此，在考虑中西方文化差异的背景下，翻译者应将 On the afternoon of early June，Mrs. Linde sat at the window as usual 翻译为“六月初的下午，林德太太坐到了窗前”。翻译者省略了很多的修饰词，使句子更加简洁。当然在文学作品翻译的过程中，翻译者还需要充分考虑作者的创作意图，从文学性语言的角度出发，提升文学翻译的有效性。例如，作者的创作意图是通过对传统节日的渲染，讽刺欧洲贵族阶级的放荡、奢侈。因此，在翻译的过程中，翻译者需要从阶级讽刺的角度出发，对作品进行翻译，而不能将重点停留在简单的文化描绘上。

（四）克服文化差异对翻译的影响

人类文明经过数千年的发展与演化，使各国、各民族有其特有的文化特色，其哲学思想、审美观念、价值观等也都体现于语言之中。我们应该主要从以下几个方面入手，重点分析并克服文化差异对翻译的影响，以取得更好的翻译效果：

1. 信仰与宗教

中西方文化拥有不同的信仰和宗教，在处理对外宣传翻译时需要格外注意。英语国家最主要的宗教是基督教。英语中许多说法都出自《圣经》等宗教经典之中，例如，“as poor as a church mouse”“as rich as a Jew”“Judas’s kiss”等。这些都需要我们在进行英语翻译时要特别注意的。

2. 价值观与思维方式

不同的人可能拥有不同的价值观和思维方式，但出于相同的自然环境和社会环境下的人会有一些普遍的价值标准，这些普遍的价值标准会渗透到文化中去。这一点在中英文中体现的比较明显。美国各个时期的总统在访华演讲中特别喜欢引用一些汉语言古诗文。这不得不说是一项高明的对外宣传策略，利用这些古诗文既使得汉语受众感到亲近，容易达到让受众欣然接受并为之感染的演讲效果，又在汉语字词外表下传播了西方文化，达到了宣传效果。同时，我们也可以看到，虽然译文没有任何词义方面的问题，但由于中西方文化价值观的不同，仍然使得英文翻译与原文意旨略有不同。例如，“承前启后，继往开来”被翻译成 We must carry for ward the cause and forge ahead into the future，“前事不忘，后事之师”被翻译成 Consider the past，and you shall know the future。“承前启后，继往开来”出自明朝内阁首辅朱国祯《涌幢小品·曾有庵赠文》，意思是，承接以往保留的好的传统，开创今后未来的新的事业。“前事不忘，后事之师”出自西汉宗室大臣刘向的《战国策》，意思是要记取以前的经验教训，可以作为以后做事的鉴戒。“前”与“后”以及“往”与“来”，甚至“承”对“启”以及“继”对“开”都有对应关系，体现了中国人对祖先、对过去、对历史、对经验教训的尊重、敬畏态度，但在译文中似乎只有“向前看”的意思，体现了西方文化中向前看、向前冲的旨趣，不能说不好，只能说与中国文化确实大相径庭。这种不同与中西方个体与群体关系的价值取向不同有关，中国文化崇尚收敛、谦逊、谨慎的集体主义，西方文化则崇尚外放、骄傲、冲动、偏激进的个人主义。再例如，海内存知己，天涯若比邻被翻译为 Although we reside in far corners of the world，having a good friend is akin to having a good neighbor。“海内存知己，天涯若比邻”出自唐代诗人王勃《送杜少府之任蜀州》，意思是朋友之间的情谊之深厚，即便两人身处异地，相隔天涯之远，也感觉没有那么远，好像还是比邻而居一样。译文可以直译为“虽然我们生活在世界的不同地方，但有了好朋友就跟有了好邻居一样”。虽然没有任何语义上的问题，但至少可以看出三点与原文旨趣不同的地方。首先，原文中“知己”是实指，而“天涯”和“比邻”都是虚指，文章中强调的是知己之谊，而非距离之远，译文中的 far corners 和 good friend 都是实指，意在强调距离之远；其次，原文中的“比邻”意指住的近，而非译文中“好邻居”的含义。最后，译文中“有了好朋友就跟有了好邻居一样”的翻译降低了“知己”在原文中体现出的感情色彩，使得在中文环境中可遇不可求、讲究心灵沟通的“知己”形象变成了日常生活中热闹温馨的邻居形象，似与原文之意不同。这种不同是与中西方人际关系观念的不同有关，在译文中也得到了基本的体现。

3. 社会习俗

中西文化中社会习俗和特定社会环境的不同也是英语翻译需要着重考虑的一个重要因素。例如，中国有十二生肖，西方有十二星座；中国人过中秋节与亲人团聚，喜欢吃月饼，西方人过圣诞节与亲人团聚，喜欢吃火鸡。又如，老年人 senior citizen，习俗不同，礼节各异。汉语中谦辞、敬称众多，例如，“鄙人”“拙荆”“寒舍”“不吝赐教”等。中国人接受表扬会说“哪里哪里”，西方人会说“谢谢”；中国人打招呼可能会问“吃了吗”，西方人会问“今天过得怎么样（How are you today）”。对待“老”这一看法，中国人普遍有“敬老爱老”的社会传统，“老”有“经验丰富”“技术纯熟”“洞察人世”“德高望重”等诸多延伸义，因此，中国称呼老年人往往不采取避讳的态度。在西方社会，“老”有“衰老”“破败”“死亡”的延伸义，因此，在处理老年人的英语翻译时，应当学习英语委婉语的用法，将老年人译为“senior citizen”为宜。

第二章　基于文化视角的英语隐喻翻译

经济全球化发展为各国之间良好的沟通和交流创造了条件，英语成了学习与应用最为广泛的语言之一，但由于各国家文化背景不同，在英语翻译时会有许多障碍。本章分为文化与翻译的关系、英汉隐喻和文化的互动、汉英隐喻相互借用认知三部分，主要包括文化对翻译的作用、翻译对文化的作用、英汉隐喻的内涵、英汉隐喻文化的对比、汉英隐喻的认知功能等内容。

第一节　文化与翻译的关系

一、文化对翻译的作用

（一）提升翻译者语言学习能力

对于翻译者而言，具备良好的语言学习能力是十分重要的。英语教学模式的重点不应该单纯地向翻译者传递英语的语言知识，而应该重点培养翻译者学习语言的能力，帮助其更好地掌握语言学习的技巧。将跨文化思维融入英语翻译中，可以显著提升翻译者学习语言的能力，其原因在于，国家的文化是与语言密不可分的，文化是语言的基础，每一种语言都离不开文化底蕴的支撑。在学习英语时，一定要对英美文化有一个系统的了解，这能有效推动翻译者提升其语言的能力。另外，在一定程度上来说，由于任务、地点以及场合的不同，语言交流的形式也会存在差异，所以，应当在学习不同场合语言背景的过程中融入跨文化思维，避免在特定的交流环境中产生不必要的文化冲突。

（二）促进翻译者社会化发展

随着互联网技术的不断发展，人们可以借助网络平台完成学习、交流以及购物等社会性活动，这在一定程度上减少了人们与社会其他群体交流的频率。对于英语翻译者而言，这种局面会导致翻译者与人际交流社会之间产生越来越多的差距，翻译者的社会性不断下降。除继续考学进行深造的翻译者之外，对于大部分院校翻译者而言，大学阶段是其进入到社会之前的最后一个学习阶段，具备较强的社会属性是一项十分重要的能力，社会属性对大多数翻译者在社会中的发展起着决定性的作用。在跨文化交流中，翻译者需要与其他社会群体以及外国友人进行面对面的交流，这在很大程度上提升了翻译者的社交能力，提升其社会属性，为翻译者在今后融入社会打下良好的基础。

（三）适应本土文化发展的需求

一门语言归根结底是为了交流而生的，在与他国的社会群体进行交流的过程中，不仅要系统地学习他国的文化以及价值观等内容，而且还要积极成为本土文化的输出者，向他国民众传播本国的文化知识。

文化交流在本质上属于一种双向的行为。我国有着悠久的历史，在与世界上其他文化进行交流和融合时，向他国展示并传播我们的本土文化是十分有必要的。因此，在英语翻译教学中，要积极主动地融入跨文化思维，让翻译者在掌握外国文化的前提下不断传播我国的本土文化，推动我国文化走得更远，使世界对中国有一个更好地了解。

（四）顺应教育国际化发展需求

在我国高校中，本国翻译者占主导地位，但是，也存在着一定数量的来自他国的交换生或留学翻译者在我国院校中展开学术交流活动或学习。在这种情况下，英语教育正逐渐朝着国际化方向发展，尤其是对英语专业或其他小语种专业的翻译者而言，在自身学习的过程中，更要注重与国际化发展的需求相契合。对于英语翻译教学而言，融入跨文化思维，在日常的教学或生活中能够实现不同国家文化之间的互相尊重，进而降低文化冲突发生的频率，最终增强我国高校国际化发展的能力。我国高校为了提升自身的实力，不仅要注重自身的建设，而且还要不断在国际范围内吸纳优秀的生源，进而实现自身更高、更强的发展目标。

二、翻译对文化的作用

（一）传承发扬我国优秀文化

国际友人作为译者中特殊的存在，其发声常常是为了让更多人听见中国声音。美国记者斯诺（Snow）在中国被视为中美沟通的桥梁，在美国，其作品也成为政府了解中国的重要资料。斯诺意识到，中美两国之间存在着差异。他从现实出发，试图缩小不同观念与看法间的差距，他对新闻事件的理解很大程度上得益于他对中国文化的深入了解。他认为清楚、真实的东西才更有力量，因此持续跟进中国革命，亲自采访了中国革命中的领导者与参与者，用准确且极具包容性的发言来描绘中国社会图景，用国际视野解读中国社会前进方向，在中国文化的传播中起了巨大作用，同时在促进中外和平方面也发挥了不可替代的作用，他值得今天的中国人民感谢与铭记。他的创作历程与经验，对今天走和平发展道路的中国进行人文交流仍有重要借鉴意义。让外国人和青年人在“讲好中国故事”中发挥重要作用，是新时代中外文化交流中极为重要的部分。

（二）使我国文化汇入到世界文化中

翻译在文化交流中扮演重要角色。国际著名记者、作家伊斯雷尔·爱泼斯坦认为，翻译对于世界范围的文化知识交流，就像呼吸和血液循环对于人体一样，是必不可少的。世界各国的存在意味着文化多元性。信息在不同语言体系中流动促成了翻译工作的实施，当今各国面临着全球化浪潮下的挑战与机遇，在环境污染、粮食等问题之下，任何国家都难独善其身。翻译是一种沟通渠道，可以吸收各民族文化的精华，也可以汇入到世界文化当中。翻译不能看成是机械性的工作，要注重积累和对翻译准则的尊重，保持着勤勤恳恳的工作态度，也不要忽视对接班人的训练与培养。爱泼斯坦意识到国际视野和技巧在翻译中的重要作用，曾向世界各国展示中国革命硕果，包括反击外来侵略、少数民族聚居地区的风物记载、新中国政治经济领域的悄然崛起等。他致力于描述我国广大劳动人民、知识分子以及众多文艺工作者的伟大成就，并在其中穿插具体事实和形象化的报道。一味喊口号只会增加外国读者的陌生感和理解障碍，无法达到让中国故事走出去的目的。因此，爱泼斯坦秉承文化浸润与翻译训练双管齐下，在保证准确度的基础上融会贯通，博采各国文化之所长，如此造就自然优美的译作。

三、文化与翻译的基本关系

翻译和文化是紧密联系在一起的。文化与交际是两个不同但又互相关联的概念，文化是通过交际习得、体现和传递的。翻译是以一种语言符号来诠释其他语言符号的行为，是一种特定的交流与认知过程。文化的可译性是一种本质属性，在翻译过程中，只有把它融入文化中，人们才能感受到它的特性和存在，进而实现它的创新。从翻译文化的角度看，翻译与文化之间存在着显著的互补关系：一方面，译者对译文的文化价值给予了更多的关注，特别是在接受文化特性方面。学者韦努蒂认为，翻译的特点形成能力是指翻译参与能力，它可以确保文化内部的团结和一致性，并以其特有的方式发展并促进其自我更新。另一方面，在文化研究中，文化特性的观念也得到了越来越多的关注。学者赛格尔斯认为，要全面了解一国政治、社会、经济、技术的发展，必须了解其文化特性，即“文化转向”。这也就意味着，在当今世界，不管是政治、社会、经济、技术，还是全球化的或区域性的，都只能由“文化特性”这个概念来了解。虽然一个世纪以来，我们一直在试图界定文化，但在 1990 年初期，社会人类学家对文化的本质并没有达成共识。在翻译研究中，学科目界定的范畴比较窄。若将翻译与文化相比较，将其放在文化的优先地位，则可以更好地界定学科的目的。虽然翻译研究涉及的是一个相对狭隘的文化问题，但是它在尝试着去解决这些问题。因此，文化与翻译相辅相成，而翻译又是一种对文化机理进行阐释的过程。

在尊重差异的基础上，译者能够协调和交流各种文化传统。翻译被乌托邦的欲望所左右，译者认为源语文化可以被充分地理解，以便译出与目标语文化相适应的译文。翻译工作者在对原文的理解和对文化的吸收方面所遭遇的抵抗，可以看作是翻译的极限。为了尊重不同文化的差异，译者往往会将自己的重点放在不同的文化差异上，但是，如果译者想要跨越不同的文化，将不同的文化带到世界各地，就不是一件容易的事情了。翻译为处理不同的文化差异提供了途径，译者关注的是不同文化之间的差异，并以最好的方式处理不同的文化差异，从而达到更好的效果。随着翻译学科的飞速发展，人们对不同文化之间的差异也有了更深刻的认识。

因此，在翻译实践中，我们可以把语言、语言学、文化等方面的知识和方法有机地结合在一起。同时，翻译也可以增强译者的语言能力。罗素·伯尔曼提出了“文化能力”这个概念，他认为，“文化能力”是一种翻译活动，能够让译者认识到在其他文化中所要实现的目标。伯尔曼详细地解释道：“在翻译的时候，我所说的‘思想’，就是要超越对不同文化的激情，在知识的基础上，去了解不同的文化。另一层意思是，学习其他文化的人要有自己的思想。学习文化并不是要达到一种终身掌握和理解的能力，就像学习母语一样，要在两种文化中寻找一种辩证的共鸣。”因此，译者在翻译时，要将不同的文化进行比较，了解文化的差异，并采取适当的翻译策略，将文本从一种文化转换为另一种文化，从而达到“辩证共鸣”。

第二节　英汉隐喻和文化的互动

一、英汉隐喻的内涵

（一）英汉隐喻的概念

1. 隐喻

隐喻分为两个层面，一个是语言层面，另一个是认知层面。

语言层面的隐喻研究可以追溯到古希腊思想家亚里士多德那个年代，研究的历史悠久，随着研究的逐步深入，人们对于隐喻的认识发生了质的变化，认为隐喻不仅是一种修辞手法，而且是人们在思想中对于不同事物特征建立联系的方式或机制。隐喻在发展的过程中，出现了从修辞到认知的转向（修辞隐喻—概念隐喻）。因而这也成了隐喻研究的第二个大的层面——认知层面，认知层面是在语言层面的基础上发展而来的，汉英当中都有针眼（eye of a needle）、床头（head of a bed）、河口（mouth of a river）等借助身体部位来进行类推其他事物的表达方式，这些都是人们参照熟知的具体概念认识理解无形或难定义的概念。由此也就能看出，隐喻其实就是认知域，是向另一认知域投射的反映。

2. 概念隐喻

莱考夫（Lakoff）和约翰逊（Johnson）在 1980 年发表他们合作的《我们赖以生存的隐喻》一文中首次提到概念隐喻，莱考夫和约翰逊对概念隐喻的定义是一种基本的认知机制，人们通过一类他们熟知的概念去认识和了解另一类未知的概念，形成了一个不同概念之间相互关联的认知方式。他们认为概念隐喻的核心是在一个事物的基础上感知另一个事物。他们指出，我们日常的概念系统，也就是我们思考和行动的系统，本质上是隐喻性的，因此，隐喻不仅是一种语言现象，而且也是一种认知现象。换句话说，隐喻不仅是一种修辞手法，而且也是一种思维方式和认知方式。人们刚开始使用隐喻是被动的、无意识的，因为人们认知能力和认知范围的限制，基于两个概念之间的相似性，人们不得不用生活中常见的一些概念去描述和解释一些未知的概念。例如，在汉语中，我们经常借助身体的结构去描述山和树的不同位置，一棵树我们可以说树根、树干和树梢，形容山的时候我们也会经常说山脚、山腰和山顶。在英语中也有类似现象，例如，“head”这个词，本义是“头”的意思，进而出现了“head master”“head line”等一系列的词，都是在“head”这个词的本义上发展而来的。

20 世纪之前，我国对概念隐喻的研究几乎没什么涉及，自 1980 年以来，国内研究者才开始意识到概念隐喻在外语教学中所起的重要作用，越来越多的学者开始关注这一领域的研究。我国学者对隐喻的研究分为两个阶段：第一阶段主要研究相关理论，包括隐喻的性质、定义、分类和运作机制；第二阶段是有关概念隐喻的实践研究，研究者将概念隐喻运用到实际教学中，包括隐喻在阅读、写作、词汇等方面的研究，对这方面的研究主要集中在词汇教学上，例如，对多义词、词根、习语等方面的研究。

（二）英汉隐喻的特点

莱考夫和约翰逊表明隐喻是我们认识世界的一种方式，是我们通过理论学习来联系和理解社会实践、认识周围事物的常用思维方式。我们的生活充满了隐喻，隐喻不仅丰富了我们的语言，而且还能让我们的语言变得更加生动，因此，我们的生活变得更有创造力。

1. 普遍性

众所周知，日常生活中 70% 的语言都是隐喻性的。根据概念隐喻理论，隐喻是一种普遍存在的现象，不仅体现在语言上，而且体现在思想和行动上。隐喻在语言中的普遍性已被许多学者所认识，例如，吉布斯（Gibbs）、雷迪（Reddy）等，吉布斯通过对 1675 年至 1975 年散文作品的考察提供了证据，他将这一时期划分为 6 个阶段，并发现隐喻在每一个阶段的使用都是大量的。雷迪认为，保守的估计在英语的整个元语言结构中，至少有 70% 是直接的、明显的和图形化的基于导管隐喻。在进一步发展雷迪的关于隐喻在语言中普遍存在的表述时，莱考夫和约翰逊指出，我们大多数普通的概念系统本质上都是隐喻性的。

因此，我们可以有把握地得出结论，普遍性是隐喻的一个主要特征。

下面以“book is food”为例理解隐喻的普遍性。This book has the folk flavor（这种类型的小说不符合我的口味）。He read the passage three times but he can't digest the content of it（他读书读的太多了，根本消化不了）。This kind of book is not my taste（这本书中有许多哲理，需要读者细细品味）。

在一定程度上来说，虽然隐喻无处不在，但它并不像大多数人认为的那样随机出现，相反，它们是在常规使用盛行的情况下系统组织起来的。

2. 隐喻的系统性

由于不同源域意义上的重叠，许多隐喻并非孤立存在，而是有着千丝万缕的联系。不同的隐喻相互作用形成一个复杂的系统。因此，隐喻具有系统性。隐喻的系统性在不同的层面上有两层含义：一是语言层面，二是概念层面。

从语言学的角度，从概念隐喻衍生出的一系列隐喻表达或语言隐喻是系统化的，在源域和目标域之间存在着系统的对应关系，构成了完整的多维结构。

从概念层面上看，一些概念隐喻可以根据分类构建一个简短的系统。例如，“time is money，time is recourse，time is a valuable commodity”。这三个事物都可以用来解释时间，但深入思考，我们可以看到，它与货币、资源和商品有着密切的关系，货币是一种有限的资源，而有限资源又是商品。在语义上，货币是资源的上义词，商品是资源的下义词。因此，人们对事物的理解和认识是系统的，对隐喻的使用也是如此。

因此，从语言学的角度来看，人们可以一步一步地理解这些表达，从而更好地理解隐喻概念。同时，系统地说明了不同的源域可以映射同一个目标域。同时，以“time is money”为代表的例子，我们从源域“money”理解和体验目标域“time”相关的很多表达。

3. 隐喻的文化一致性

在概念隐喻理论中，概念隐喻的三个属性之一是一些隐喻映射似乎是普遍的、广泛的，有些似乎是文化特定的。不同文化中的隐喻可能具有共性，不同文化的人可能会以同样的东西来象征同样的事物。例如，英语的“ear-drum”和汉语的“耳鼓”有着相同的载体，这是外国人和中国人对他们的听觉器官和生活的感受相同的结果；英文“laughingstock”和中文的“笑柄”有着同样的“handle(柄)”的特征。这些词反映了外国人和中国人对世界有着相同的理解，因此，这种现象是一种“文化重叠”。

如果比较英汉习语，我们会发现“time is space”“anger is heat”“happiness is up”这样的隐喻表达同时存在于英汉两种语言中，这也就是说它们在两种文化中都是合理的。

有时文化的一致性体现在一个概念在不同文化中传达不同的隐喻意义，以“dog”为例，在西方国家，狗是最受欢迎的宠物之一，在日常生活中扮演着重要的角色，因此，关于狗的谚语基本都是褒义的，例如，“love me，love my dog”“lucky dog”等。在中国，狗的形象有偏贬义的一面，因此常常会有这样一些关于狗的表达，如“狗拿耗子——多管闲事”“狗咬吕洞宾——不识好人心”“狗腿子”等。这些差异表明，在运用隐喻时，要充分注意目标语国家的文化和思维方式的差异。

二、英汉隐喻文化的对比

（一）相同性

英汉隐喻的共性依靠人类隐喻思维的共性。无论生活在哪种语言下的个体都有正常的喜怒哀乐。人类会借用生活环境中存在的事物来表达自己的情感和思想。因此，隐喻代表着人类对于现实世界中存在的各种事物的理解与认知。虽然不同的语言之间存在着差异，但在本质上又是相同的，不同语言的隐喻都体现了人与自然之间的存在关系。在表达伤心、愤怒、开心等情绪时，不同文化间借用的事物也可能相同，例如，玫瑰花在英汉两种文化中都代表着爱情，关于时间运动方向的隐喻也有相似之处。

（二）差异性

英汉隐喻文化存在一定的差异性，隐喻思维虽有共性，但是两者生活环境具有差异性。物质文化深深地影响着人类思维方式。英汉物质文化之间存在的冲突也是其隐喻民族性和文化性的体现。例如，汉语中对于牛的隐喻在英语中对应的是马。大部分神话的隐喻在英汉文化中也有很大的差别，例如，英语中洪水神话代表的是惩罚，汉语中则代表人类与洪水抗争的智慧等。

在汉语文化中，“东风”一词隐喻促使成功的最终条件，例如，“万事俱备只欠东风”，是形容只差最后一步即可取得胜利。“东风压倒西风”是指正义终将战胜邪恶，“东风”隐喻正义，“西风”隐喻邪恶。这是由于我国处于太平洋西海岸，东风和东南风温暖湿润，有利于农作物的生长，西风或西北风干燥寒冷，汉语常用西风隐喻悲凉、苍凉。

英语文化国家，由于地理位置差异，和我国感受千差万别。英国位于亚欧大陆西部，西风对英国而言，温暖湿润，英国人对西风印象良好。例如，雪莱在《西风颂》中，将“西风”隐喻革命力量，用闪电、云、雨和冰雹衬托西风威力，祈祷西风能够给困境中的人们带来希望，借助西风歌颂、表达信念的坚定和对革命胜利的希望。

隐喻同样受到历史背景的影响，如“crown”一词，王冠代表着王权，是由于英国历史上君王权利来源于世袭制，君权至高无上，王权常用王冠体现。在中国文化中，以“乌纱帽”隐喻官员，是权利的象征。中国象征权利主要以红色、金色为主，例如，我国唐代现实主义诗人杜甫在“朱门酒肉臭”里用“朱门”隐喻富贵人家。西方国家则用紫色隐喻权贵，例如，“in the purple”隐喻出生于皇室。中国将 dragon 作为精神象征，是一种吉祥华贵的花纹；西方则将 dragon 看为不祥。可见英汉文化差异对隐喻有着重要影响。

译者在翻译过程中需要更加注意隐喻的部分，在语境下分析文化差异，选择最合适的结果。此外也有一些隐喻虽然喻体不同，但表达相同的喻义。例如，中国人用“鸭蛋”表示考试得了 0 分，而美国人使用“goose egg”鹅蛋表示考试得了 0 分。汉语使用“掌上明珠”比喻受到父母疼爱的女儿，而英语则用“the apple of one's eye”表示珍视的人。英语常使用“dinosaur”比喻处事古板、不合时宜的人，汉语使用“老古董”比喻思想守旧、不容易接受新鲜事物的人。两个词虽然不同，但表达同样的喻义。当然，也存在一些词汇，在汉语文化中没有对应的喻义和喻体。例如，“eager beaver”用海獭比喻做事有干劲的人，形容为了达到目的，卖力气讨好上级的人。但在汉语文化中，海獭没有喻义，人们不会对这一词产生联想。由于文化差异，在翻译上找不到对应的隐喻关系。

三、英汉隐喻翻译方法

隐喻翻译不只是把两种语义简单对应，还要关注两种语言背后的文化。文化是社会历史发展过程中创造出来的精神财富和物质财富的综合体。不同的国家承载着不同的文化，在不同文化下，人的思维方式也不同。中西方同样运用隐喻，有些隐喻在两种文化中有同样的含义，但是有些隐喻的内涵是大相径庭的，在翻译隐喻时要特殊注意翻译策略的选择。

（一）直译或隐喻移植法

文化共性可采取直译或隐喻移植法，中西方文化虽存在着很多差异，但是还有很多由于人类发展的共性而出现的相通之处。在这种相通的领域中，隐喻的运用几乎是一致的，在翻译时可以直接把源语的源域和目标域直接译成目标语的源域和目标域。例如，人们常说的狡猾的狐狸（a sly fox），一提到狐狸，中西方的认知就会反射出狡猾的特质，以及人生如旅途（life is a journey），还有 He fell into a deep sleep，汉语翻译是他睡得深沉或者他沉睡着，add fuel to the fire，火上浇油，都表示使事态更严重。这些隐喻在中西方理解上无障碍，在隐喻的翻译上就可以采取直译的方法，也可以称作是隐喻移植，这和人们常用的异化有异曲同工之效。

总而言之，直译作为最常用的方法，无论哪个国家的人们，站在世界改造活动中都存在相似性，在一定程度上也决定了语言表达的相似处，不同文化背景仍然可以实现互相理解，产生共鸣。直译时需要保证语法和内涵上的一致，在保留原文含义上，能够使读者深入理解。例如，During the bull market in property，with price rising fast，auctions because increasingly popular，可以直译为“房地产牛市时期价格飞速上涨，拍卖逐渐流行”。Bull 隐喻攻击性、力量，bull market 隐喻行情上涨的良好趋势，我国已经普遍应用“牛市”这一概念，直译时可直接反应。因此，要求译者能够对各领域中的中西方文化深入了解，确定两者相似之处，达到良好的翻译效果。

（二）替换法和意译法

文化差异可采取替换法（也称套译法）和意译法，由于中西方的文化还是异多于同的。那么面对不同文化下的隐喻翻译就要求译者对两种文化熟识程度非常高。通常对文化差异条件下的隐喻翻译采取替换和意译的方法。

1. 替换法（套译法）

套译翻译主要应用在隐喻翻译上，由于西方读者对事物特征更加了解，因此，英语通过隐喻让读者更准确、快速地理解文章。对于汉语读者而言，由于语境不同，理解隐喻存在较大困难，因为汉语读者思维中缺乏原型基础，在翻译时需要根据语境转换词汇。套译是一种平行式转换，保证表达的精准性，尽量还原原文含义，并满足中文读者的阅读需要，翻译时需要译者发挥主体性意识，能够准确理解原文含义，在翻译中更好地呈现原文。译者翻译时要将自己的思维转换至译文中，找到和源语接近的词汇，重新建立文本。套译对译者的要求更高，难度也更高，译者需要熟练掌握两种语言，并且能够熟练应用，具有较高灵活度。特别是深层次表达，需要保证语言结构的平行性，不会扭曲语义，保证原文比喻准确呈现。例如，翻译“lion in the way”这一词组，直译为“拦路狮”明显不合适，按照汉语习惯，翻译为“拦路虎”更加合适，而且也不会改变隐喻的含义。同时，在两种不同的文化中各自有自己现成的习语或常用语所表达的意思相同，此时就可以套用各自的表达来翻译。例如，常见的习语，爱屋及乌——love me，love my dog，都表示爱我就爱我的一切。那么翻译的时候有现成的表达就需要套用了，这样能使表达更易懂。类似的例子还有 time and tide wait no man，时不我待；talk of the devil and he comes，说曹操曹操就到；a storm in a teacup，小题大做；等等。在中西方文化中，类似这样带有隐喻的习语表达还是很多的。

2. 意译法（释义法）

不同的文化存在极大差异，即使是同一个事物也会被用作不同的喻体。那么翻译时就要注意文化冲突，尽量做到对等的翻译效果，使读者明白才是翻译的目的。采取意译的翻译方法或者释义法会比较容易达到效果。例如，股市上，在中国用红色代表涨，绿色代表跌，在美国，绿色代表涨，红色代表跌，那么翻译的时候一定要重视这种差异性，如果这个颜色信息比较重要，翻译时或者是采取意译，或者要加注释解释这其中的文化差异才能使读者一目了然。由于文化差异会导致不同文化间形成难以跨越的鸿沟，译者充当的就是桥梁的作用，让不同文化的人们彼此也能沟通。

有些原文隐喻形象强行保留反而会造成译文累赘，复杂难懂。例如，“The teenagers don’t invite Bob to their parties because he is a wet blanket ”。其中，“wet blanket”就是隐喻用法，湿地毯用于扑灭火苗，在应用于隐喻扑灭别人兴致和热情的人。但汉语中没有这一喻体，使用直译为“他像一块湿地毯”，并不能准确表达原文的含义，意译为“他是一个令人扫兴的人”更加准确。英汉文化差异造成两种语言在表达习惯上存在很大差异，翻译容易造成目的语缺失，无法准确表达原文的含义。因此，利用意译法灵活变通翻译，更能准确传达原文的含义，达到文化交流的目的，让读者能够准确理解作者的含义。

（三）略译源语的喻体

出现文化缺口时可以选择略译源语的喻体，但是保留其含义。虽然不同的文化有差异，也有共性，但还会出现某一个文化中特有的在另一个文化中从未出现过而导致无法被理解的文化缺口。例如，奈达在翻译《圣经》时一个最经典的例子，就是把 as white as snow 翻译成 very white，他考虑到的是万一某个地域的读者没有见过雪，也不知道雪是什么，洁白如雪的比喻会对这里的读者产生困惑，那倒不如翻译成很白更直接一些。

（四）注释法

部分情况需要兼顾直译和文化交流，在意译和直译都无法准确表达原文意思时，可采取“直译 + 注释”方法解释含义。注释法能够帮助译者详细介绍文化背景，同时保留原文翻译。例如，“Why is the river rich？ Because it has two banks”，直译为“为什么说河流是富裕的？因为它有两个银行”。注释：bank 指银行和河流，一语双关。使用注释解释，既不影响英语的独特趣味性，又能让读者明白英语的含义。

（五）归纳法

部分英语谚语和汉语谚语接近，可直接使用中文进行替换，让中文读者更加熟悉。用汉语现有谚语替代谚语翻译，从而准确表达英文含义，进行对等翻译。例如，“Every potter praises his pot”可以直接翻译为“王婆卖瓜，自卖自夸”，从而对等表达，以及“Fact speak louder than words”翻译为“事实胜于雄辩”。从表面上看，翻译并没有对应英文原文，但译文表达意思相同，更能让读者接受。若使用直译翻译反而会失去英语谚语的特色，让读者印象大打折扣，失去了简洁说理的特征。

四、英汉隐喻翻译原则

（一）贴合文化背景

两种语言隐喻均建立在文化背景基础上，文化背景赋予新的文化内涵，不同文化背景必然造成隐喻差异。将隐喻翻译为汉语，需要充分考虑到文化差异性。不仅需要熟悉源语言，更需要了解文化背景，才能达到文化交流的目的。

（二）符合汉语表达习惯

翻译要注重语言规律性，隐喻翻译涉及两种语言，语言之间的差异性提示翻译过程中要充分考虑到语法结构以及表达习惯。英汉语法结构差异巨大，翻译要更加重视意合。例如，“as wise as an owl”考虑到文化的差异性，可以意译为“聪明得像个猴子”。

（三）对接英汉含义

文化内涵赋予了语言丰富性，在英汉语言转化中不能一味关注文化差异以及句法，从而忽略了语义的对接。翻译作为两种语言交流的工具，不能追求语句通顺和形式美感，忽略了对意义的追求。要求英语隐喻能够完整对接。

（四）翻译流畅，有文化性

上述翻译原则追求了翻译的“信”“达”，但是我们也要更关注语言的“雅”，译文要重视流畅优美，体现出文化性。英语隐喻具备较强的文化性，很多都是谚语形式，很难通过直译翻译，强行直译只会显得句义不明。翻译要达到流畅、简洁、有文化性，达到本土化翻译的目的。

第三节　汉英隐喻相互借用认知

一、汉英隐喻的认知功能

（一）汉英隐喻认知功能的概念

20 世纪 80 年代开始，认知语言学反对把隐喻仅看为修辞语，提出隐喻是人类认知概念化的一种重要机制。认知隐喻理论指出，“在人们日常生活中，隐喻的普遍性存在于语言、思维和行动中，即人类的思维和行动所依赖的概念形成方式在本质上是隐喻的”。在一定程度上来说，隐喻不仅属于纯语言的范畴，也属于认知范畴，其本质是两个概念域间的映射，将始源域的图示结构映射到目标域后，人们就可利用始源域的结构去构建并理解目标域。人们借用有形的、具体的、熟悉的物体去理解陌生的、未知的、复杂的事物。

基本的认知隐喻有 life is journey、time is money 等。培养认知隐喻思维的能力有助于激活翻译者对抽象事物的想象能力，提高其更深层次的阅读理解能力，促进翻译者对抽象概念的归类总结能力，简化推理分析过程，把握认知对象的关键特征和本质属性，并对其高度概括总结，实现对事物的全面掌握。

如前面所述，隐喻是人类认知重要的、基本的方式之一，具有创新性。隐喻思维能力是认知发展的高级阶段，是随着人的认识的发展而产生的一种创造性的思维能力，人们认识世界，特别是抽象事物离不开这种认知能力。英语新词的产生就充分体现了隐喻的创新性，例如，近些年产生的流行语 hardcore、fans group、home stay hotel、night time economy、job-hunting website、conduct online interview、face value、patient zero、fresh college graduates 等都是隐喻扩展语义得来的。词汇形式是有限的，而我们生活的世界是异彩纷呈、变化无限的。利用有限的词汇的形式去认识无限的世界，人们就是在应用隐喻的创新性。莱考夫和约翰逊通过源域与目标域之间的映射以及意象图式说明隐喻现象。隐喻是从一个比较熟悉、易于理解的源域映射到一个不太熟悉、较难理解的目标域。

（二）认知理论下的英汉隐喻

1. 结构隐喻

隐喻是指在一种概念结构基础上对另一种结构进行建构的概念隐喻，即人们可以用一个概念所涉及的语言表达来描述另一种概念，但前提是基于二者之间的相似性。就像上文中举过的例子，“Time is money”就是一种结构隐喻。因此，在英语中，我们可以找到很多这样的表达，如“It is waste of time”“I’m running out of time”“I don’t have extra time to give you”“Life is a journey”等。同样，在英语中我们可以找到这些隐喻表达：“He stands at the cross roads in her life”“He is facing a turning point in his life”“She got a head start in life”人生和旅行具有很多相似之处，旅行者的目的地就如我们人生中想要实现的目标，旅行者在旅行过程中遇到的种种困难就如我们人生中遇到的困难，当旅行者在旅途过程中看到的风景就如我们人生道路上遇见的不同的人和不同的事。因此，我们将人生比作旅行，借助理解旅行的方式去理解人生，使得人们对“人生”这一概念有了具体的理解。除此之外，我们还能发现“argument is war”“anger is heat”“love is journey”等相关类似的隐喻表达。

2. 方位隐喻

当抽象概念难以理解时，人们需要借助成长中的自身认知来进行表征，其中最为人们熟知的是在身体经验基础上形成的上下、左右、前后等基本空间概念，而这些空间概念在物质世界中同样适用。方位隐喻赋予了抽象概念一个空间定位，而这种空间定位并非任意的，而是系统性的，具有一定社会和文化基础。总的来说，方位隐喻是指人们参照空间方位的概念去表达一些抽象概念。方位的概念在很早之前就产生了，后来很多将意义投射到这些方位概念上的抽象概念出现了，于是就产生了借助方位概念表达一些抽象概念的用法。如前面所述，上下、前后、高低等空间概念，人们经常用这些概念去表达一些情绪、感觉、地位等的抽象概念，也是人们生活中最容易理解的基本概念。例如，“happy is up”“sad is down”这两个方位隐喻。在人们的普遍认知里，高权力与空间位置中的“上”产生系统性联结，而这种联结的产生是建立在高权力差距型文化社会这一基础上的。因为人们难以做到完全以抽象思维思考事物间的关系，所以运用空间思维进行可视化转换是十分必要的。同样，在翻译过程中，译者应该充分理解语义场中的不同层级制度，正确描述隐喻概念中的空间投射形象。我们在英语中可以找到很多基于该隐喻的表达。“Don't let me down”“He was so down that he didn't go to school anymore”“Let's cheer him up”“Things are looking up”，再例如，“high status is up”“low status is down”相关的表达“He looks up to his teacher”“They live in uptown”“The company wants to break away from its downmarket image”“He tried to downgrade the latest research findings”。因此，在平时的词汇教学中，让翻译者明白类似的隐喻表达，翻译者对一些短语和句子的理解更加容易，易混淆的短语能进行理解性记忆，记忆效果得到提高，同时也能帮助翻译者活学活用。

3. 实体隐喻

人们把自身对外部世界的感知体验看作是实体物质，并对其进行指代、分类、聚焦、量化，以这种途径推断，借具体存在的概念隐喻抽象概念，这种方式便是“实体隐喻”。换句话说，实体隐喻指人们把抽象而模糊的思想、感情、事件、心理活动、观念等无形的概念，根据人对物质实体的经验，当作具体而有形的实体来对待。最著名、最典型的实体隐喻是容器隐喻。正如莱考夫和约翰逊所说，我们是物质的存在，以我们的皮肤表面为界限，衬托出世界的其他部分，我们体验到的世界是在我们之外的。我们每个人都是一个容器，有一个边界面和一个进出方向。

在人们的日常生活中，他们可以看到不同的具体的容器。例如，房子、瓶子、碗、森林等，并且人体也是有内、外、边界的容器。一旦无形的概念和抽象的实体或物质被看作是具体和有形的容器，本体论的隐喻就会出现。下面的句子显示了本体隐喻在人类文化中是如何被阐述的。例如，“The idea is a machine”这个隐喻引出了以下的表达：“We need to fuel his mind”“Lucy broke down when she heard the bad news”“He can't answer this question because he is rusty now”“They have working day and night for a week to get accurate date and they are running out of steam now”。其中，“idea”作为一个无形的、抽象的概念，思维被概念化为“machine”，它是一种形状和具体的概念，人们就用形容机器的词用来形容想法，使得人们的表达更加形象具体，更便于理解。

让我们来看看另一个典型的本体隐喻“visual is a container”引出以下表达：“The sun is coming in to view”“The ocean was insight”“I watched the train until it was out of sight”。在这里，我们的视野就被看作是一个容器，出现在我们视野里

的东西就像是进入了人容器里的东西一样，我们的视野被具体化。

利用实体的具象化特点，将所需要的“浓烈、纯粹的爱（love）”的抽象意义进行加工，嫁接在“红玫瑰（red rose）”这一实体上，以明确爱情的存在如玫瑰般浓烈、鲜艳、纯粹。由于在实体隐喻中，不同文化社会里的人群对外部世界的感知不能达到完全一致。因此，在翻译实体隐喻过程中，译者要特别注意功能对等原则，从源语言表意的角度出发分析，对表达者背后的认知路径进行慢镜头式的分析，推理源语言与目标语之间的对等联结，最终达到认知输出的目的，形成合适的目的语表达。

（三）汉英隐喻的认知理论特征

隐喻认知理论的诞生是从传统隐喻理论发展到当代隐喻理论的重要标志。传统隐喻理论主要阐释词语及句子本体（词义、句义）和语言运用（说话者的会话含义），而当代隐喻认知理论的观点则认为隐喻不仅仅是一种语言现象，更是一种认知的手段。它是一种人类必不可少的认知方式，可以通过认知和推理将一个概念领域映射到另一个领域，从而使词汇具有隐喻性，最终形成新的隐喻义。在隐喻式结构“A是B”当中，概念B所具备的惯例性、经验性和典型性等含义会映射到概念域A中。

1. 方法论创新

这个理论不仅对语言现象进行了阐释，同时还对认知的发展、思维的过程、概念的产生、行为的依据等人类心理活动的本质特征进行了阐释，这是理论上的一大突破。

2. 使用频率高

隐喻在日常生活、语言、思维中出现频率相当高。理查兹（Richards）曾提出，人类日常生活中普遍存在着隐喻，隐喻式表达在人们的日常会话交流当中平均占到三分之一的比重。雷迪（Reddy）指出，依据“管道概念隐喻”来描写言语交际的词语达三分之二。奥特尼（Ortony）认为，所有语言都具有概念隐喻性质。德里达（Derrida）也将隐喻视为整个语言系统的象征，把隐喻看作一种普遍认识活动和表达行为。

3. 研究范围广

隐喻研究史表明，隐喻的范围在不断扩大，从狭义走向广义，从修辞学进入其他众多学科。当今的隐喻研究早已跳出词平面的界限进入语句平面、语篇平面、语义平面、语用平面，语法平面。莱考夫及其同事们正在用隐喻认知理论来全面研究生物学、数学、经济学、宗教、政治、诗歌等。隐喻已成为社会学、心理学、哲学、语言学等研究领域的重要议题，进而构成了一种研究范围十分广阔的“广义隐喻理论”。

4. 功能扩展

如果仅从语言角度对隐喻进行分析，论证的往往只是它对语句修辞效果、含蓄表达、语用效果、增添魅力、修饰文体、情感烘托等方面所起到的作用；如果上升到认知的角度来对隐喻进行分析，则需要论证它在概念的产生、理论的创建、知识的结构化、思维的拓展等方面的功能。隐喻的这种抽象思维功能还可细分为理论功能、发现功能、解释功能、模式功能、社会功能等。

（四）英汉隐喻认知的思维属性

1. 关联性

在分析隐喻的认知机制方面，有一种被多数学者普遍接受的观点是，事物之间的相似性是隐喻得以形成和理解的基础。利森伯格（Leezenberg）指出，相似性这一概念未免过于宽泛和微弱，认为其过于宽泛是因为两个物体之间具有无限多的相同属性，认为其过于微弱是因为其不能解释不同种类物体之间的比喻性的相似性。换句话说，在描述过程中，两个事物之间固有的相似性可以不被关注，但是对于原本并不存在的相似性，则能够采用隐喻的方式创造出来。也就是说，概念投射不但能够利用事物的相似性，同时也可以创造出事物的相似性。根据研究数据显示，被人们的思维过程所激活的认识是有限的、特定的，被思维激活的这些信息和原始的信息之间具有关联性。

2. 发散性

信息激活的过程具有非唯一性特征，这充分体现出了隐喻认知具有发散性的思维属性。换而言之，根据已知的信息内容，若是从不同的范围或方向考虑，将会得到更多不同的新信息。也就是说，这一特性主要表现有以下两方面：

首先，概念隐喻并不具有唯一的框架，对一个事物的描述往往涉及多个方面，这些方面有时无法用同一个概念域涵盖。当我们不强制把它对应于某一概念框架和情境时，这一隐喻表达允许多个概念隐喻并置，对应不同的概念框架或情境下的理解，且每个隐喻概念独立统领一个概念网络。

其次，如果隐喻表达中源域的概念集完全不同于目标域的概念集，就无法满足关联性的条件。如果源域的概念集和目标域的概念集完全相同，那么所产生的概念就是相同的。若是彼此之间存在包含关系，那么其中一个概念就属于另外一个的子概念，上述几种状况是无法构建隐喻的。根据上述分析，我们发现，只有当两者具有交叉关系时，才能构成隐喻。那些只有在源域中出现的概念才会被扩展，而且在没有上下文的情况下，新的概念也会越来越多。尽管可以在特定的节点上找到一个可以进行转移的概念，但如果这个路径距离太远，那么从结果上来看，它的表达效果就像是把一个在源域中没有的概念加入目标领域，从而实现一种创新性的发散。

3. 整体性

隐喻具有整体性，是指隐喻认知过程所展现的是一个系统。隐喻并不是偶然间在人类大脑中出现的某一活动或孤立事件，而是对人类行动的动态制约，其在人的大脑、身体以及现实世界的环境中广泛分布，人类为了对抽象概念进行具象描述，需要通过与身体和自身感官获取到的信息进行类比的方式来完成。实际上，在人类的思维认知中，这类概念已经根深蒂固地存在于其中，是对抽象事物进行认知的基础。为了保证清晰准确地呈现目标域与源域，该类隐喻概念通常可采用“A 是 B”的句式进行描述，以 A 和 B 为出发点，与日常交流活动中的情境信息有机结合，最终将会呈现出一个错综的概念网络。

在该概念网络中，话语发出者与接收者之间会进行信息的流动。在此期间，某一概念节点出现迁移之后，与之存在联系的节点也会随之发生迁移。正因如此，在目标域中所表现出的是一个性质集，而并非孤立存在的某个性质。最终，这些众多概念均汇集在顶层的概念域当中，形成一个完整的图式。对于目标域与源域来说，二者之间并非单一的投射，构建出核心的关联之后，前后文、背景、语境等各项语用信息利用语义信息以及关联性相互组合，从而导致非核心的概念发生迁移的情况，促使更大规模的概念产生迁移，甚至波及周边的一些非隐喻式表达，在较大范围内实现联动与整合的目的。

4. 独特性

可以把思维的过程构想成从一个位置到另外一个位置的转移，它是在由潜在的认知状态组成的问题空间中，经过不断地探索后，形成一条具有独特性的路径的过程。对于隐喻来说，这一路径体现出更加显著的独特性，其中不仅包含了话语发出者在隐喻创作过程中具有的表达独特性，同时也包含了话语接收者在解释隐喻时具有的理解独特性，因此，具有极其类似的生成机制。由于主体的认知能力不同，再加上外部环境信息存在差异，自然也会产生差异化的认知事实，对接下来的信息传播产生的限制作用也是不同的。

从语义网络方面来看，则表现在选择分支概念方面的差异，同时还包括表现在取舍相应的焦点性质上的差异。首先，有赖于不同的认知主体和外在环境信息的取舍，认知主体最终可能会选择语义场中处于边缘位置的分支概念，对其语义进行突显。其次，对于长距离的信息流动来说，也会给人带来更多的新奇感。在选择自上而下的方式进行推理的过程中，推理的终点通常是无法确定的，概念分支的距离不断延长，随之产生的与根节点概念之间的偏离也会不断加剧。

二、汉英隐喻的相互借用

中西文化交融促使汉英语言相互渗透，有许多汉英隐喻表达式进入了对方语言。通过对比研究，发现更多的是汉语借鉴和吸收英语中的隐喻，而英语相对较少借用汉语隐喻：一方面，这是因为英语承载着西方发达国家先进的科技和教育、发达的经济和强势的文化，这使得英语成为在国际信息交流中的一门强势语言；另一方面，由于发展的需要，中国多年来吸收了大量西方的科技和文化，这带来了英语对汉语的强势渗透，丰富了汉语的表达方式。

然而，有一个现象不容忽视，即中国英语。中国英语是以规范英语为核心，用来表达中国特有的事物与现象的一种英语变体。它是英语国家使用的英语跟中国特有的社会文化相结合的产物，是国际使用型的英语变体。

可以预见，在中国科技、经济、文化不断发展，中西交往不断深入的今天，汉语隐喻会被英语母语使用者所接受和吸收，同时，中国英语的影响也会越来越大，英语母语使用者也会借鉴一部分中国英语的隐喻表达。

（一）汉语借入的英语隐喻

汉语借入的英语隐喻涉及经济、政治、科学、信息技术、教育、文体等现代社会生活的许多领域。例如，“搭便车（free ride）”“晴雨表（barometer）”“熊市（bull / bear market）”“软着陆（soft land）”“金色降落伞（golden parachute）”“无形的手（invisible hand）”“穿梭外交（shut-tie diplomacy）”“冷战（cold war）”“飞碟（flying saucer）”“电脑（electronic brain）”“鼠标（mouse）”“菜单（menu）”“集成片（chip）”“软件（software）”“高科技园（hi-tech park）”“灰领职工（gray collar worker）”“粉领职工（pink collar worker）”“铁领工人（iron collar worker）”“热线（hotline）”“多米诺骨牌效应（domino effect）”“文化差距（culture gap）”“软饮料（soft drink）”“绿色食品（green food）”“肥皂剧（soap opera）”“超级明星（superstar）”“白色污染（white pollution）”“帽子戏法（hat trick）”“黑马（black horse）”“绿卡（green card）”等。

（二）英语借入的汉语隐喻

英语借入的汉语隐喻所反映出的内容主要是有关中国的传统风俗、历史、政治等。这些方面是西方人感兴趣并想要了解的。它们中有的专业性很强，使用时有特定的语境，因而没有被广泛用于人们的日常生活。例如，“hundred flowers（百花齐放）”“cut the weeds and dig up the roots（斩草除根）”“same bed，different dreams（同床异梦）”“a small boat turns easily（船小好掉头）”“kowtow（卑躬屈节）”“lose face（丢脸）”“Lei Feng（助人为乐的人）”“bare-footed doctor（赤脚医生）”“iron rice bowl（铁饭碗）”“paper tiger（纸老虎）”“enter by the back door（走后门）”“triangle debt（三角债）”“floating population（流动人口）”等。

三、汉英隐喻相互借用的认知原因及机制

（一）汉英隐喻相互借用的认知原因

根据体验哲学的基本原则可知，概念系统的核心是直接源自我们的体验，来自感知、身体运动以及对物质、社会的经历，现实中各类事体之间存在各种关系，人类可通过思考发现其中的相似之处，或通过想象在其中建立联系，这是人们产生隐喻用法的认知基础。福科尔米尔（Faucormier）指出，隐喻是连接语言和概念的一种显著的、普遍的认知过程，主要依赖喻体和本体这两个输入空间的跨域映射。隐喻存在于人们的思维与概念体系中，存在于用一个思维领域对另一个思维领域概念化的认知方式中。隐喻式思维有助于人类不断扩展其认知概念系统，从而形成一种有效的认知手段，这种手段始终伴随着人们认知世界的过程。

（二）汉英隐喻相互借用的认知机制

1. 认知主体

隐喻的认知主体指交际双方两个认知主体，包括隐喻的生产者（producer）和接受者（receiver）。相对于中西相互借用之隐喻，它就是指汉语本族语者和英语本族语者。

2. 本体和喻体

本体即目标域，喻体即源域。在喻体特征向本体映射的过程中，本体所具有的特征会对该过程有一定的限制作用。

3. 喻底

喻底即本体和喻体间的相似性，是认知主体在不同事物之间建立的共同特征或关系。在喻体对本体的映射和两者的相互过程中，认知主体对它们之间潜在的相似性特征进行一系列的分析、推理，由表及里，去异求同，一旦两者之间建立了适合一定语境下的相似关系，便产生映合效果，获得隐喻意义。人类之所以普遍使用隐喻，是因为人类的认知模型里存在着相似性。

相似性有物理相似性和心理相似性之分，也有程度上的差别。物理相似性可以是在形状上、外表上或功能上的相似；心理相似性是指由于文化、传说或其他心理因素，使得说话人与听话人认为某些事物之间存在着某方面的相似。相似性是内在关键关系（vital relations）的连接成分，具有共享的特征，人类具有直接感知相似性的心理机制，这是人的本性的显示。在心理空间网络中的外在空间连接可以压缩成整个空间的相似性。

4. 语境

语境从小范围来讲，可以指即时的话语语境，其中包括语言语境（上下文、词语的搭配）和非语言语境（如交际环境、背景知识等）；从大范围来讲，语境就是人类学家马林诺夫斯基（Malinowski）所说的文化语境，包括人类共享的普遍知识、价值观取向和民族、社区特有的文化价值观。

从文化语境看，在各种物质和文化产品频繁流动和传播于各国之间的全球化背景下，中西方在经济、科技、信息、教育、文体等社会生活各个方面进行着广泛而深入的交流，并相互影响和渗透，两者间有着越来越多的共有文化，于是产生了共同的体验基础和文化根源。

从认知主体看，汉语本族语者和英语本族语者生活在同一个星球，拥有共同的外部世界的认知对象，具有相似的生理构造、心理基础和共同的以经验为本源的认知能力和结构。在全球化背景下，其生活方式、生产方式、思维方式和价值观念在不同程度上走向趋同。

从本体和喻体看，汉语本族语者和英语本族语者共有的文化使得他们的认知中有着共有的概念系统。汉英相互借用之隐喻所涉及的本体和喻体多数都是汉语本族语者和英语本族语者的大脑中共有的认知概念。虽然有少部分本体和喻体在隐喻借入者的大脑认知中原先不存在或不熟悉，但他们可以通过了解和学习对方文化来获得这种概念。

从喻底看，由于汉语本族语者和英语本族语者具有共同的体验基础和共有的概念系统，因此，当这些喻体向本体映射时所形成的相似性能被双方相互接受和理解。

汉语本族语者和英语本族语者在频繁的交往接触中，能够相互借用适合各自社会、文化和语言所需的隐喻。汉英互借对方隐喻，反映了两者共同的文化体验。

第三章　基于文化视角的英语翻译语体

由于中西文化存在差异，译者在翻译的时候，要注意正确传递语言的风格。不同的语言风格会对译者翻译造成影响，因此，译者不仅需要研究翻译文本的语体，还需要研究个人的语言风格。在翻译实践中，作为译者，能够具有辨别不同语体的敏感性，才能在英汉翻译互换中确保原文意思的正确表达，才能更加准确地再现原文的风格和精神，达到较高的翻译水平与要求。本章分为语体与风格、翻译与语体、翻译与风格三部分，主要包括语体释义、社会语境下的语体选择等内容。

第一节　语体与风格

一、语体释义

（一）语体的定义

通过对现有的一些语体定义进行分类和归纳，可以知道每种定义都概括出了语体某一方面或某几方面的特点，有一定的合理性。具体来讲，可以总结出以下五种主要的定义项：

1. 语体是语言特点体系（综合）

“语言特点体系（综合）”这一定义项主要说明了语体的系统性，表明语体有自身完整的系统，不是零散琐碎的。对于系统性，不止语体有，文体有，风格有，修辞也有，这并不能体现出语体的本质。例如，概括说来，语言风格也是语言特点的综合。

刘大为指出，“综合体”“体系”这样的表述，暗含着语体特征是资源性的，且能够在一定的使用领域内按照表达的需要自由选择和运用的意思，这样与“体”的意义相冲突。为了不造成混淆，学者们将其限定在“不同的活动领域”“由于不同交际的需要”等方面，这就把这种“语言特点体系（综合）”和其他的“语言特点体系（综合）”做了区分，这是值得肯定的。但也存在问题，李熙宗就指出，这样定义缺少一种辩证的看法，不利于语体本质属性的认识，不利于语体理论对语言实践的指导。

2. 语体是言语行为类型

“言语行为类型”这一定义项强调了语体的行为性质，认为语体是一个言语活动的过程，是动态的，是作品被撰写和阅读的过程，这将我们对语体研究的目光从静态描写转移到动态研究上，有一定的独到之处，但也存在问题。李文明认为，这样的定义只注重言语行为的过程，忽视了交际中的对话和文本，是不切实际的。有学者指出，言语行为的类型由人的主观意志来决定，很难对语体进行归纳和分类。

3. 语体是言语风格类型

“言语风格类型”是将语体定位成风格中的一个类型，虽然语体风格是风格的一个下位概念，但语体学与风格学是并列的，语体不同于风格，所以将语体定位成“言语风格类型”是混淆了“语体”与“风格”两个概念，是不妥当的。

4. 语体是语言变体

“语言变体”这一说法过于笼统，极易让人产生误解。语言变体包括语言社会变体——行业语、隐语等，语言地域变体——方言、标准语等，语言年龄变体等。“语言功能变体”，相较于前一个单纯的“语言变体”，从功能角度给出了限定，将其与其他的“语言变体”区别开来，揭示了语体是因交际功能不同而形成的语言变体的这一本质属性，是值得认同的。值得注意的是，作为语言的功能变体，如果单指民族共同语的功能变体是不准确的。对于一种语言来讲，除了民族共同语外，往往还会有种类繁多的方言，方言也有语体。此外，“功能”这一概念过于泛化和抽象化，不利于理解和实际的操作。

5. 综合说

“综合说”是从多个角度、多个侧面来对语体下定义，将两个或两个以上的定义项归并在一起，这种方式有可能保证定义的完整性，但这些定义项是否可以表达同一范畴，是否可以并列在一起，还有待考虑。

（二）语体的性质

为了更好地研究语体，认清语体的性质对于语体研究有着不可忽视的必要性。

1. 语体具有综合性

语体是在语言事实和语言心理上都存在的一个对象，但因为观察角度以及研究方法等方面的不同，表现出不同的学术认知，如文体、狭义语体、广义语体、体裁等，这些都是基于不同角度的语体认识。所以有学者认为，语体是一个综合的概念。一般来讲，语体是一个形义结合的综合体，语体所表达的意义不是根据其组成部分的意义按照一般的规律和原则计算出来的，其意义不是组成部分意义的简单相加，语体的意义大于其组成部分意义之和。

语体的综合性还表现在：语体不但有明显的结构特征，而且具有语义特征和语用功能。它是一个具有语法、语义、语用等多重特征的综合体。语体是一个复杂的、有组织的网络系统。语体类型不是单一修辞特点的体现，而是由两个或两个以上可以互相区别又可以互相融合的修辞特点构成的统一体。

语体可以区分为原型语体和非原型语体、核心语体和边缘语体、基本语体和特殊语体。非原型和原型、边缘和核心、特殊和基本之间有继承关系。非原型语体的特征可以通过原型语体推知，对边缘语体和特殊语体的研究能够对核心语体和基本语体作出合理的解释和说明。

2. 语体具有典型性

经典范畴理论认为，范畴有明显的界线，范畴成员地位平等。例如，演讲是一种口头语用方式，属于口语体，但其语言表达方式又偏向于书面语体。而且语体范畴内各成员的地位并不平等。语体范畴是以原型语体为中心的范畴，可以通过对原型语体特征的研究辐射到与原型语体有细微差别的每一类非原型语体特征的研究。在现实生活中，人们所见所闻的都是具体语篇。这些语篇通过家族相似性聚拢在一起，汇集出特定的语体。可见，语体是一个对具有家族相似性的语篇类的抽象概括的典型范畴。因此，可以认为语体是一个典型范畴而非经典范畴，语体具有典型性。

3. 语体具有相对性

任何事物都不是孤立存在的，它们往往处在既对立又统一的辩证关系之中，语体也一样。

语体既是具体的又是抽象的：一方面，在日常生活中，无论是对语体的习得还是对语体的使用，都是通过具体的语篇，语体存在于具体的语篇中，所以语体是具体的；另一方面，语体不是语篇的堆砌，是从具有共同属性的语篇类中抽象概括出来的。也就是说，语体是从具有家族相似性的语篇集合中抽取出其普遍性的特点集，这样的特点集是类的抽象。语体是从具体中抽象出来的模式，所以又是抽象的。

语体既是封闭的又是开放的：一方面，各类语体以其自身的特点互相区别开来，具有一定的封闭性和排他性；另一方面，语体间没有不可逾越的鸿沟，它们存在着互相交错、互相影响、互相渗透的关系，表现出开放性、交融性的特征。

语体既有全民性又有个体性：一方面，语体是由社会成员所约定俗成的，是一个语言社团共享的语言表达形式，在语言运用中具有极强的惯例作用和规范作用，所以语体是社会的，具有全民性；另一方面，由于个体的思维认知水平、后天受教育情况、社会生活以及交际范围等一系列的差异，使得语体在个人的认知和具体使用中不是一成不变的，具有差异性和个体性，所以语体又是个人的，具有个体性。

（三）语体的常见形式

语言学家通常按照语言的正式程度对英语语域进行划分。语言学家马丁·朱斯（Martin Joos）将英语变体（主要是美国英语）分为五种：冷冻体、正式体、商洽体、随意体和亲昵体。当代的语言学家将这五种语体归纳处理为两种常用的语体形式，即正式语体和非正式语体。正式语体与非正式语体不是并列关系，而是有着逐层加深的倾向。一般来说，重要的、具有历史性的场合都使用相对严肃的正式语体，而对于那些家庭闲聊、聚会谈话等则更多的是选用非正式语体。

人们在日常交际或翻译时，不论是英译汉，还是汉译英，译者都要根据所处的语言环境与文化背景去选择与原文语体相对应的译文。语体学需要译者观察并且能够描述主要语体的语言特点，通俗的表达为：语音、句法、词汇和篇章。译者学习的目的是能更正确地了解不同语体表达的内容，在了解之后，译者能在适当的场合和文化环境中使用正确的语体。另外，语体和文体是有区别的，现代语体学不仅研究书面语，而且研究口语。口语是不同文化背景下人们交际最直观易懂的语言表达方式。

（四）语体的主要作用

语言是人类最重要的社会交际工具。口头交际和书面交际是人类交际的两大基本形式。无论在口头交际还是在书面交际中，运用语言都必须受到语体的制约，切合特定的语体要求，遵守语体规范，做到得体。得体是言语交际的最根本的原则之一。语体的作用就是帮助不同文化背景下的人们实现语言交际，是对语言运用的拓展和延伸。

语体的形成是语言运用经济性的表现，是为了生产和接受效率的提高，方便产出，也方便理解。同时，语体也是语言运用的结果，固化和保留了语言中的形式美和人文性。因此，语体的作用可以概括为规范作用、提示作用、美学作用三种。

1. 规范作用

语体作为一种潜在的语类结构，不管人们是否意识到，它对语言运用始终起着一种无形的规范作用。语体是行动的框架，是用语言实现目标的指导原则。语体是从具体的语篇类中抽取出来的特点的集合，它作为一种客观现象存在于人们的语言生活中，与语言活动形影相随，相辅相成。语体在语言运用中具有极强的惯例作用和规范作用，任何语言活动的发生都不可避免地要受到语体的制约，无语体参与的语言活动是不存在的。

2. 提示作用

人们交际处在具体的文化情景中，一方面，语体受语境的制约和影响，另一方面，语体对语境有提示作用。

从信息发出者角度看，语体是言语行为，是打算实施的惯例行为。语言活动的发出者在行为发生之前受到语体的制约和启迪，打算实施惯例行为。例如，人们参加学术报告会，发言者会根据语境的要求，按特定的语体进行演讲。

从接收者角度看，语体是语言标准，是语篇版面和语言的期待惯例。语言活动的接收者在接收语言信息之前，语体会根据具体的语境提供提示，使接收者会根据自己的语体认知图式构建心理预期。例如，人们参加学术报告会，在发言人未发言之前，与会者几乎都能认识到活动的性质，在心里预设，形成期待。

3. 美学作用

美学作用是指“同类相似结构的整体，在语用中宣泄出来的审美形态，对接受者所产生的激情愉悦作用”。基于文化视角分析可知，不同类型的语体，具有不同的美学作用。

二、风格释义

在不同文化背景下，文学作品的风格是存在差异的，而为了更好地探讨语体与风格的关系，有必要先对风格的概念有所了解。“风格”一词源于希腊语，意为写和画的金属雕刻刀。希腊人根据“雕刻刀”的意思又加以引申，表示用文字修饰思想和说服他人的一种语言方式和演讲技巧。

我国在魏晋南北朝时期便有人用“风格”一词来概括作家文学的创作特点，说明人们很早就形成了对风格的认识，但对于“风格”一词的阐释不尽相同。

18 世纪法国作家布封（Buffon）认为风格就是作家本人，提出“风格即人”。

古希腊哲学家柏拉图（Plato）从修辞学角度认为风格是语言的特点，是语言美。

由于风格的不确定性和复杂性，不同学者从不同角度对风格进行了定义。

博厄斯·贝耶尔（Boase Beier）认为风格是语言选择的结果，语言使用者的措辞产生了语言风格。

俄国斯语言学家罗曼·雅各布森（Roman Jakobson）进一步认为语言选择并不仅是简单的选词表意，而是在此基础上的词汇组合。

英国诗人约翰·德莱顿（John Dryden）将语言的风格描述为文本的特征。

利奇和肖特（Leech & Short）则认为风格是特定语言使用者在特定的文化语境中出于特定目的的语言使用方式。

在《辞海》中，“风格”一词解释为“作家、艺术家的创作个性在文学作品的有机整体和言语结构中所显示出来的艺术独创性”。

在翻译领域中，风格很早就受到关注。古罗马哲人西塞罗（Cicero）主张活译，反对直译，既要保留原作语言风格，又要使用符合古罗马语言习惯的语言来表达外来作品。他曾经说：我是作为演说家进行翻译的，要保留语言的总的风格力量。

在文艺复兴时期，法国翻译家阿米欧（Amyot）认为一个称职的译者，不仅要忠实地还原作者的意思，还要在某种程度上模仿和反映他的风格和情调。

同时期，翻译理论家多雷（Dolet）提出的翻译原则中也指出译者必须通过选词和调整词序使译文产生语调适当的效果。

17 世纪，英国翻译家蒲伯（Pope）认为译作必当尽量模仿原作风格上的各种变异和韵律上的变调。

20 世纪，贝克（Baker）提出了译者风格的概念，并将其比作指纹，说明译者在翻译过程中占有一席之地。

三、语体与风格的关系

风格，在《现代汉语词典（第 7 版）》（中国社会科学院语言研究所词典编辑室）中有两个解释，一个是“气度；作风”，另一个是“一个时代、一个民族、一个流派或一个人的文艺作品所表现的主要的思想特点和艺术特点”。因为语体是语言学的研究对象，所以这里的风格主要指语言的风格。

语言学家黎运汉在总结 1949 年以来语言风格定义的基础上结合自己的研究，提出语言风格涵盖表现风格、语体风格、民族风格、时代风格、地域风格、流派风格和个人风格等。由此可以看出，语体风格是语言风格中的一个重要类型，不能等同于整个语言风格。语体风格是语言风格的一个下位概念。语言学家郑远汉提出，语言学侧重研究语言中最重要的言语变体，而风格学则广泛地研究各种言语变体。可以看出，语体学与风格学的研究内容并不完全相同，二者不可等同。

虽然语体不等同于语言风格，但两者之间确实有一定的联系。一方面，语言风格是存在于各种语体的言语作品之中，并通过各种语体的言语作品表现出来，并不游离于语体之外；另一方面，语体又是存在和体现于具有鲜明的民族风格、时代风格和个人风格的言语作品之中的。

此外，由于中外文化背景和思维方式有所不同，与之相应的语法与风格也是存在差异的。

第二节　翻译与语体

一、社会语境化下的语体选择

社会语境指语言使用者所处的交际环境，包括外在环境（如文化、时代、场景等）和内在环境（如个人的思想感情、教育状况等）。

由于社会的不断发展，译文读者的社会语境也在不断变化，不同时期的译文语体也不尽相同，都带有时代的烙印。译文最终的检验者是读者，所以必须重视读者的需求。在实际翻译中使用何种语体应根据译文读者的社会语境来决定，既要符合时代以及相应的文化环境的要求，又要满足读者的需要。

（一）“时变”则“语体”变

任何民族的语言在不同的发展时代都有相应的时代特点以及文化特征。比如，在英国文艺复兴时期，人文主义理论家都推崇用拉丁文进行创作，以使用拉丁文为楷模。这种背景使拉丁文对那个时期的英语产生巨大的影响。那么，译者在翻译这一时期的英文作品时，就应该注意到译文的语体。

语言是随时代发展而发展的，一个时代所接受的译本在后来的时代通常难以被接受。因为一个时代有其特定的语言风格、文化特点和审美倾向。阅读的目的是欣赏、继承和发展，而不是去学会使用古旧的世纪英语，如英国戏剧家莎士比亚的剧本，今天就有很多现代英语版本。当前我国的语体主流是现代汉语，它也应该是译文语体的主流。译者在翻译古英语时，不必为刻意追求形式的相似而使用“文白夹杂”的语体。

（二）语体选择应“以读者为本”

与语体选择密切相关的另一个重要因素就是读者的需要。翻译家王佐良先生在《翻译：思考与试笔》中提到“为读者着想：过去的翻译原则似乎都是提给译者遵守的，何妨换个角度，看看读者关心的是什么”。例如，在翻译儿童作品时，译者就要避免成人化的倾向，把握正确的语体风格，译出儿童喜爱的语言。奈达指出，译文读者是决定翻译过程和语体使用的一个至关重要的因素，强调了读者在翻译中的地位。

二、信息对等下的语体选择

忠实于原作是中外翻译理论历来倡导的根本原则。翻译家严复说“译事三难：信、达、雅”，以“信”为首义。在翻译时，不管使用哪一种语体，都应与原文信息对等，也能够与原文信息对等。译文能否再现原文信息不取决于译者使用何种语体，而在于译者对双语特别是所用译语语体的娴熟驾驭。

采用不同语体都能忠实的翻译原文，这正是翻译能够存在的理由。不同民族的语言，不同时代的语体之间的可译性是忠实、对等标准的根本依据所在。翻译的效果如何，则取决于译者对语言的把握。

（一）语体选择喜“语用等值”

不同语体词语的使用场合是不同的。原文采用特定的语体是为了描述环境，展示人物身份，反映社会文化等需要。译者应了解作者使用语体的意图，并设法在译文中再现这些效果，以获得语用等值。

（二）语体选择忌“跨越语域”

不同语体各有其使用的语域，这之间存在不可替代性。若跨越语域使用语体，往往会显得不伦不类，严重损害作品译文的质量。

思想不能弃形式而独立，同一思想披上不同的形式外衣就具有不同的风格，译文的风格与语体选择也存在一定的关系。

第三节　翻译与风格

一、风格的可译性特征

风格是否可译是众多学者所关注的问题。一部分学者认为风格不可译，这多与文学作品的抗译性密切相关。从文化角度看，文学作品的风格与原作者文化背景以及作品中所包含的文化因素融为一体，由此联想到风格翻译的困难。文学翻译家周煦良认为风格不可译，认为风格离不开语言，不同的语言无法表达同样的风格。

持风格不可译这一观点的学者仅看到了风格翻译涉及的宏观方面，而忽视了微观的层面。尽管两种语言之间存在巨大文化差异，重塑原文风格十分困难，但我们不能将原作风格在译作中的“减色”认为成风格是不可译的。

风格是作家独特的表达体系，作家所描绘的形象、独特的表达手法都是可译的。风格外诸于形则是语言，语言可译，那么风格应该也可译。风格不仅仅是作家的风骨、作品的神韵，同时也表现为文本内部结构。风格意义的可知性只有建立在对结构分析的基础上，才可以接近于准确。因此，学者刘宓庆提出风格标记体系。风格的符号体系就是在原文的语言形式上可被译者认识的风格标记。因此，掌握风格标记，使译者能认识原文风格，成为在译文中表现风格意义的最基本的一步。

二、风格的翻译策略分析

语言风格是语言形式与语言内容相统一的体现，具有形态与神韵的两重性。翻译时，译文的风格是表现作者、原文的风格，它们既有共性又有个性。翻译必须做到传神达意，充分了解作品中所包含的文化因素，体现风格。翻译水平越高，作者的风格就越传真，译者的风格就越传神。

依照翻译理论，再现原作风格应该是、也必须是译者的追求。由于不同语言之间存在着许多层面上的差异，要想完整地传达原作的风格，特别是文字上的，确实有许多障碍，但译文要尽可能接近原作风格，尽量反映原作的艺术个性和文化内涵。对于这一点，译界在理论上已达成共识，每个译者在主观上都应朝这个方向努力。要尽可能再现原作风格，识别感悟原作风格是前提。

在翻译中，原作的思想内容并不取决于译者，而取决于作者。所以，译者可取的基本形式也受到原作很大的限制。译者不可能不顾原作的思想文化内容和语言形式，随意创造“风格”。这是翻译所面临的客观上的局限性。

综上所述，风格是可以转译的，但有难度。译文风格应尽可能与原文风格保持一致，努力做到正确理解原文，忠实传达风格。

第四章　基于文化视角的英语词汇翻译

翻译作为语体交际，是两种文化沟通的桥梁。在各国文化交流的背景下，英语词汇作为传播文化的媒介，在各国互相了解文化时发挥了重大的作用。因此，在翻译的总体过程中，英语词汇的翻译是极其重要的。本章分为英汉词汇的区别、英汉词汇的翻译原则、英汉词汇的翻译策略三部分。主要包括英汉词汇的形成、文化再现翻译原则等内容。

第一节　英汉词汇的区别

一、英汉词汇的形成

（一）英语词汇的形成

英语是西日耳曼语的一个分支，英语所形成的 26 个英文字母是构成词汇的最小基本单位，其中，它主要通过四种构词方法组成新的词汇，即转化法、合成法、派生法、缩写和简写。

1. 转化法

转化法是指将词由一种词类转化为另一种词类的方法，主要通过改变词尾、改变读音、更改拼写方式的形式来进行。虽然转化后词的词类发生了变化，但是从词义的角度来说，转化后的词的词义是与原来的词义密切相关的。英语中就存在着大量的转化词，其中主要包括动词与名词之间相互转化和形容词转化为动词的形式。

（1）动词转化为名词

stop v. 停止—n. 车站

drink v. 喝—n. 饮料

fish v. 钓鱼—n. 鱼

glue v. 粘贴—n. 胶水

（2）名词转化为动词

hand n. 手—vt. 传递

seat n. 座位—vt. 使坐下

face n. 脸—vt. 面对

oil n. 油—vt. 上油

express n. 快递—vt. 表达

kiss n. 吻—vt. 亲吻

（3）形容词转化为动词

idle adj. 闲置的，懒惰的—v. 混日子，闲逛

wet adj. 湿的—v. 弄湿，变湿

empty adj. 空荡的—v. 把……全部拿出

smooth adj. 光滑的，平滑的—v. 变平，使平滑

2. 合成法

将两个或两个以上的单词按照一定的规则组合在一起，合成一个新的单词，这种组合方法被称之为合成法。被合成的词称作复合词，复合词在写法上是没有具体规定的，一般由习惯而定，所以，复合词的书写既可以用连字符相连接，又可以直接写在一起。英语中大多使用独立的两个词汇来构成新的词汇，组成许多常用的单词或短语。

（1）复合名词

hand+writing = handwriting 手写（名词 + 名词）

flying+fish = flyingfish 飞鱼（形容词 + 名词）

（2）复合形容词

life+long = lifelong 毕生的（名词 + 形容词）

easy+going = easy-going 悠闲的（形容词 + 名词）

red+hot = red-hot 炽热的（形容词 + 形容词）

（3）复合动词

break+through = break-through 突破（动词 + 副词）

（4）复合数词

forty+five = forty-five 45（数词 + 数词）

（5）复合代词

everything，something，somebody，anyone，nobody（不定代词 + 名词）

（6）复合副词

some+how = somehow 以某种方式（副词 + 副词）

no+where = nowhere 无处可去（副词 + 副词）

除此之外，英语里偶尔也会使用一些类别词来构建复合词。例如，aholic：workaholic（工作狂），shopaholic（购物狂）；phobia：hydrophobia（恐水症），acrophobia（恐高症）。

3. 派生法

派生法是指通过增加前缀或者后缀的方式，组成一个具有相同或完全不同的意思的新词语。除了一些特殊的情形之外，这些前缀通常仅导致意义的改变，而不会使词类发生改变，如 mis-understand（误解）、anti-antitrust（反垄断）、anti-antibiotic（抗生素）、re-reuse（再利用）等。

后缀通常仅导致词类的改变，而非意义的改变。例如，身为动词的 aware（意识到）的词尾添加名词后缀“ness”就变成了名词形式的 awareness（意识），名词 colour（颜色）在词尾添加形容词后缀“ful”就变成形容词 colourful（五彩缤纷的）。

4. 缩写和简写

缩写和简写也被称为截断法或缩短法，主要通过缩写或者简写的方式将单词缩短，既不增减词的意义，又不改变词的词义。英语中的缩写方式非常灵活，首字母缩略法最为常见。例如，亚太经合组织 Asia Pacific Economic Cooperation 可以缩写成“APEC”，中国中央电视台 China Central Television 可以缩写成“CCTV”，工商管理硕士专业学位 Mater of Business Administration 可以缩写成“MBA”，国内生产总值 Gross Domestic Product 可以缩写成“GDP”等。

除此之外，生成新词的方式还有“截头”“去尾”“既截头又去尾”。例如，earthquake—quake（地震）、discotheque—disco（迪斯科）、mathematics—maths（数

学）、influenza—flu（流感）、examination—exam（考试）、identification—identify（确认身份）等。

（二）汉语词汇的形成

1. 多义词的形成

多义词是汉语词汇的常态，也是汉语词汇发展的主要形式。除多义词发展阶段外，即使在派生词发展阶段和双音词发展阶段，也往往伴随着多义词的发展。多义词主要通过词义离析、词义移植和词义延伸三种途径形成。

（1）词义离析

词义离析是指在词义发展过程中，一个词义拆分为两个词义，其主要离析对象是区块词义，是汉语词义标准化、精细化发展的必然结果。如“受”，由授予和接受双方参与的传递这一个词义离析为授予和接受两个词义。再如“买”，由买卖这一个词义离析为买与卖两个词义。

词义离析有两种结果：一种是离析之后多义并存；另一种是离析之后专属于一义，它义脱落。如“盥”，离析后只留“洗”，脱落了“手”。“启”，离析后只留“开”，脱落了“门”。至于是何种结果，往往是由词义系统决定的，具体说是由词义系统中是否存在相同词义决定的，如果没有相同词义，会两义并存，如果已有相同词义，则会产生脱落。

词义离析明确的标志是字形的分化派生，但可想而知，词义离析是先于字形分化派生的，字形的分化派生只不过是其进一步发展的结果。

（2）词义移植

词义移植是以共同特征或互有关联为依据，用旧词表示新义，也即把新义移植到旧词中。这是形成多义词的重要途径。

例如，“经”，本义是织布机上的纵线，字形本作“巠”，像织机纵线形。《说文·糸部》：“经，织也。”《太平御览》卷八百二十六引作“织从糸也”，徐灏注笺：“下文云‘纬，织横糸也’，则此似当有‘从糸’二字。”“从”即“纵”。古人以南面为正面，南北方向的道路即为纵向道路，因与织机纵线共有纵向特征，故把南北方向的道路这一词义移植到“经”上，由“经”表示，《周礼·考工记·匠人》：“国中九经九纬。”贾公彦疏：“南北之道为经，东西之道为纬。”《周礼·考工记·匠人》：“经涂九轨，环涂七轨，野涂五轨。”上吊而死，因是竖悬，也与织机纵线共有纵向特征，故也移植此义予“经”，“经”又有了上吊之义，《睡虎地秦墓竹简·封诊式》：“经死爰书：某里典甲曰：‘里人士五（伍）丙经死其室，不智（知）故，来告。’即令令史某往诊。令史某爰书：与牢隶臣某即甲、丙妻、女诊丙。丙死（尸）县（悬）其室东内中北廦权（椽），南乡（向），以枲索大如大指，旋通系颈，旋终在项。索上终权（椽），再周结索，余末袤二尺。头上去权二尺，足不傅地二寸……”

另外，上古汉语中常见的名动同词等现象，也应是词义移植所致，如“立”，《说文·立部》：“立，住也。从大，立一之上。”古文字形体像人体正面立于地上之形，本义是站立，《睡虎地秦墓竹简·日书甲种》：“人行而鬼当道以立，解发奋以过之，则已矣。”“鬼之所恶，彼窋（屈）卧箕坐，连行奇（踦）立。”词义延伸为所立之处，《睡虎地秦墓竹简·法律答问》：“擅兴奇祠，赀二甲。’可（何）如为‘奇’？王室所当祠固有矣，擅有鬼立（位）殹（也），为‘奇’，它不为。”“操邦柄，慎度量，来者有稽莫敢忘。贤鄙溉辥，禄立（位）有续孰瞀上？”从现有材料看，“位”字初见于战国包山楚简和郭店楚简，在郭店楚简中义皆为“莅”，如《包山楚简·卜筮祭祷记录》：“臧敢为位，既祷至（致）命。”《郭店楚墓竹简·老子丙本》：“则以哀悲位（莅）之，战胜，则以丧豊（礼）居之。”

（3）词义延伸

词义延伸指词在使用过程中受搭配词语的影响延伸出新的词义。如“合”，如前所述，原义是合拢，在以下两种句例中词义延伸为聚集：《论语·宪问》：“桓公九合诸侯，不以兵车，管仲之力也。”《国语·楚语下》：“于是乎合其州乡朋友婚姻，比尔兄弟亲戚。”在以下两种句例中词义又延伸为“交锋”，《孙子兵法·行军篇》：“兵怒而相迎，久而不合，又不相去，必谨察之。”《论衡·福虚》：“今宋楚相攻，两军未合……”

再如“从”，《说文·辵部》：“从随行也。”本义是跟随，下属句中为本义，《论语·公冶长》：“道不行，乘桴浮于海，从我者，其由与！”《史记·项羽本纪》：“张良是时从沛公……”在以下两种句例中词义延伸为追逐，《尚书·汤誓》：“夏师败绩，汤遂从之。”《左传·成公十六年》：“晋韩厥从郑伯，其御杜溷罗曰：‘速从之！其御屡顾，不在马，可及也。’韩厥曰：‘不可以再辱国君。’乃止。”

2. 派生词的形成

派生词的形成主要通过两种方式进行：一种是语音方式，另一种是字形方式。

就性质而言，前者可称为语音派生，后者可称为字形派生。

（1）语音派生

语音派生即改变原词音节的部分音素，使原词派生出新词。语音派生现象，清人多有论述，如《说文·贝部》“貣”下段玉裁注：“从人犹向人也。谓向人求物曰貣也。按代弋同声，古无去入之别。求人施人，古无貣贷之分。由貣字或作贷，因分其义，又分其声。如求人曰乞，给人之求亦曰乞，今分去讫、去既二音。又如假借二字，皆为求者、予者之通名，唐人亦有求读上入、予读两去之说，古皆未必有是。貣别为贷，又以改窜许书，尤为异耳。经史内貣、贷错出，恐皆俗增人旁。《周礼·泉府》凡民之贷者，注云，贷者谓从官借本贾也。《广韵》廿五德云，貣谓从官借本贾也。其所据《周礼》正作貣。而《周礼注》中借者、予者同用一字，《释文》别其音，亦可知本无二字矣。”

（2）字形派生

字形派生从新旧字形的形体关系看，可分为字形上有承继关系和没有承继关系两类，前者可称为狭义形体派生，后者可称为广义形体派生。狭义形体派生是在原字形基础上创制新字形分担原字承担的词义，新旧字形有形体上的承继关系；广义形体派生是创制与原字形无关的字形分担原字承担的词义，新旧字形没有形体的承继关系。

①狭义形体派生。狭义形体派生的方式有以下几种：

第一，异体字职能分配。即把原本是一字异体的形体确立为不同字形来分担原本由一个字形承担的词义。例如，“猷”与“猶”，本是构件间的组合位置不同的异位字，《玉篇·犬部》：“猷，与猶同。”清代文字训诂学家段玉裁《说文解字注》：“今字分猷谋字犬在右，语助字犬在左，经典绝无此例。”在马王堆帛书、张家山汉简中用法相同，《马王堆汉墓帛书·战国纵横家书》：“然臣亦见其必可也。猶不知变事以功（攻）宋也。”《马王堆汉墓帛书·五行》：“简之为言也猷贺（加），大而罕者。”《张家山汉墓竹简·奏谳书》：“君曰：问史猷治狱非是。”《张家山汉墓竹简·奏谳书》：“君曰：善哉！亟出说而赐媚新衣，如史猷当。”史猷、史猶即史鰌，卫国人。到南北朝时期，副词义已专属于“猶”。

第二，增加构件。即在原字形的基础上增加新的构件，产生新的字形，分担原字形表示的词义，它是汉字派生的最主要形式。如“卖”是在“买”的基础上增加新构件“出”，分担离析出的词义卖方行为，《说文·出部》：“卖，出货物也。

从出，从买。”从现有材料看，“卖”字是秦统一全国后产生的，而且一经出现即分工严格，所以很可能是秦“书同文”整理文字时造的一个字。秦统一前买、卖皆用“买”，如《睡虎地秦墓竹简·秦律十八种》：“其乘服公马牛亡马者而死县，县诊而杂买（卖）其肉，即入其筋、革、角，及（索）入其贾（价）钱。”“畜鸡离仓。用犬者，畜犬期足。猪、鸡之息子不用者，买（卖）之，别计其钱。”《睡虎地秦墓竹简·法律答问》：“人臣甲谋遣人妾乙主牛，买（卖），把钱偕邦亡，出徼，得，论各可（何）殹（也）？当城旦黥之，各畀主。”“甲盗钱以买丝，寄乙，乙受，弗智（知）盗，乙论可（何）殹（也）？毋论。”

第三，改换构件。即用新构件替换原字形的部分构件，产生新的字形，分担原字形表示的词义。如“常”的本义是下衣，后借用为“恒常”等义，便改“巾”旁为“衣”旁派生新字“裳”。

另外，有没有改变笔画而派生的字形，尚需更多材料证明。有些论著把“母与毋”“巳与已”“刀与刁”“荼与茶”“气与乞”等当作改变笔画的派生字，经我们考察，这些形体都属于异体字职能分化现象。若不属于异体分化，必须是造一个改变笔画的字，并立即在功能上区别，这种只有在人为规范的情况下才可以实现，汉字形体自然演进中可能不会存在。

②广义形体派生。造与旧字形体没有承继关系的新字，这种现象在汉字系统的自然发展过程中非常罕见，一些强制性的人为创制如武周新字，只能存在一时。《颜氏家训·杂艺》：“北朝丧乱之余，书迹鄙陋，加以专辄造字，猥拙甚于江南。乃以百念为‘忧’，言反为“变’，不用为‘罢’，追来为‘归’，更生为‘苏’，先人为‘老’，如此非一，遍满经传。”我国古代文学家颜之推所述的这些北朝新字，也基本上生命力有限。这说明汉字派生有其自身的字形和字用延续规律，形体的截然分断是不符合一般规则的。在许多著述中常举的例子如“亦”与“腋”的派生，实际上存在误解，“亦”与“腋”不是直接关系，“亦”是先借用“夜”，而后才在“夜”的基础上产生“腋”。

（3）借用已有的字形

借用已有的字形分担原字职务性质上属于字形功能的调整，被借者一般是不常用的字形或者是功能单一的字形。

在先秦，第二人称代词主要用“女”表示，在甲骨文中即已常见，到西汉时期仍是如此，如《银雀山汉墓竹简·孙子兵法》：“‘知女（汝）心？’曰：‘知之。'‘知女（汝）北（背）？’曰：‘知之。'”《马王堆汉墓帛书·杂疗方》：“曰：某，女（汝）弟兄五人，某索智（知）其名。”《马王堆汉墓帛书·五行》：“予女（汝）天下，弗为也。”《尹湾汉墓简牍·神乌赋》：“女（汝）不亟走，尚敢鼓口。”后借用“汝”分担了这一职能，从出土文献看，约出现于东汉。汝本是水名，《说文解字·水部》：“汝，水。出弘农卢氏还归山，东入淮。从水，女声。”《正字通·水部》：“汝，本水名。借为尔汝字。”

二、英汉词汇的差异

（一）英汉词形的差异

由于英语注重形式的连接，是一种从形式到意义的印欧语言。汉语由于缺少形式和形态上的变化，必须走意义功能的道路来理解和分析。因此，二者在词形上有很大的差异。

在英语表达中，不同的词类在不同的人称、时态、语态、程度等方面都会发生不同的词形变化。词形的改变反映了英语中各个成分之间的相互关系；在汉语里却没有这种变化，例如，在名词的表达中：“There are so many beautiful flowers”，它的汉语意思是“这里有很多美丽的花儿”，从这个句子我们可以看出，英文单词“flower”通过在自身的末尾加了“s”来表示复数，但在汉语中，花朵这个名词本身并没有复数的变化，而是只通过限定成分“许多”来进行表示。

在动词的表达上，英语中的动词会随着主语的人称和数量来变化。例如，“He gets up early”汉语意思为“他起床很早”，英语中的“get”为动词，因为主语为第三人称，所以动词“get”在词尾添加了一个“s”变成了第三人称单数形式，但在汉语表达中，汉语动词并没有受到人称的限制，在词形上依旧是原型。

除此之外，英语中的动词也会随着时态的变化而改变词形，例如，“He went shoping yesterday”汉语意思为“他昨天去购物了”，这个例句中的动词“went”是已经发生了时态变化的，从“yesterday”可以得知，购物是昨天发生的事情，所以采用了“go”的过去式“went”，发生了英语中词形的变化，但其实汉语动词是没有时态变化的，其时间概念主要是通过使用时间副词来表示。

英语中动词也有语态的变化，如果说的是事实，则使用真实的语调，如果是虚拟的，则使用虚拟的语调。汉语中没有虚拟语气，但可以使用相应的词汇来表示虚拟语气。例如，“If I hadn’t had that cup of tea yesterday，I would have slept well”这句话，它的汉语意思就是“如果我昨天没喝那杯茶，我肯定能睡得很好”。

英语的许多可用于比较的形容词和副词有比较级和最高级这类词形变化，而汉语中是不存在词形变化的。在表达同类意思时，汉语会使用“比”字来表示比较级，使用“最”字来表示最高级。例如，“what he had done is much better than me”，用汉语说就是“他所做得比我好”。“I am the tallest student in the class”，用汉语说就是“我是班级里最高的学生”。

（二）英汉词序的差异

词序又叫次序，指的是句子中各个词语或成分排列的先后次序。词序是语言重要的表达方式，词序对比教学已经成为英汉语教学与研究中必不可少的内容。汉语主要词序特征是：主语 + 其他状语 + 谓语 + 宾语。英语主要词序特征是：主语 + 谓语 + 宾语 + 其他状语。用通俗的话说就是，汉语说完主语之后，先说其他成分，直到把其他成分说干净了、说利索了，最后才说谓宾。英语说完主语之后接下来的就是谓宾，然后再讲其他成分，英语的词序相对于较为严格的汉语来说更为灵活。这两种语言在词序上又出现了许多不同之处，对两种语言各自成分的词序分析将对英汉翻译起到非常重要的作用。

（三）英汉词义的差异

英语与汉语在词义上的差距是很大的：一方面，由于英语与汉语属于不同的语系，导致二者在语言的描绘上具有根本性的差别；另一方面，由于英语与汉语属于不同国家语言，所以二者在特定的地理条件、历史文化、社会发展水平、文化特色等方面也有所不同。

因此，在英汉互译的过程中，一定要以源语的特点为主，将源语中的文化特色以及特有的风貌展现出来，这是极其重要的环节。

英语相较于汉语来说，它的词义非常灵活，词义的扩大、缩小、转褒、转贬、转为具体或转为抽象等情况屡见不鲜。例如，在词义的扩大方面，“tooth”这个词在器官上“牙齿”是它的原意，但在作为工具使用时，它可以有多种含义，在“The teeth of comb”中作为梳齿，在“The teeth of a saw”中作为锯齿，在“The teeth of a gear”中作为齿轮，在“The teeth of a leaf ”中作为叶齿。在词义的缩小方面，“ban”在古英语中的意思为公告、命令、召集。在欧洲的封建时期，封建领主在自己的领地上拥有许多特权，其中之一便是领主可以发布公告，强制要求领地内所有居民做某事或禁止做某事，如要求居民给领主服兵役、禁止在领主的土地上狩猎、捕鱼等。领主所发布的这种公告就是“ban”，本来是命令做某事或禁止做某事，但后来受古挪威语中的同源词“banna（诅咒、阻止）”的影响，词义逐渐缩小为“禁止做某事”；“cattle”原意为“动产”，但由于中世纪时期农民最重要的动产是牲畜，特别是牛，所以该词词义逐渐缩小至“牲畜”，直到现在专指“牛”。

在英语中，词义也会发生感情变化，例如，“precious”最为常见的含义为“珍贵的、可爱的”，如“A precious necklace”译为“一条珍贵的项链”，但在后期的书写过程中，它的情感色彩逐渐带有贬义，如在“She acts like a precious people”中的含义为“她的行为像一个做作的人”；在词典中，funny 的含义一般是“滑稽的、可笑的”，但不知道的是，这个词其实更倾向于一个贬义词，偶尔也有中性词的用法。例如，“funny-looking”意思是“长相古怪的”，“There is something funny about this matter”可以解释为“这件事有点儿蹊跷”。

人们对宇宙的认知是一个漫长的过程，是从主观到客观、感性到理性、具体到抽象的过程。在整个认知的过程中，表示物质的具体名词总是首先被人们熟知。在这个过程中，人们会提取物质中最本质的特征，形成抽象的概念，这就是具体到抽象的名词的形成过程。例如，“room”的具体语义为“房间”，但从抽象上来看，它的意思还有“空间、余地”；再如，“achievement”的具体语义为“成就”，但在“women of achievement”中，它的意思就变成了抽象的概念——“伟大、成功”。又如，“You had better get stronger naturally without taking medication”翻译为“你最好通过自然的方式变得强壮，不靠吃药”。“Give me some medicine for my headache”翻译为“给我点儿头疼药”。在这两个句子中，前者为抽象概念的药物，所以在写法上是“medication”，后者为具体的概念，专指治疗疾病的药，所以它的写法是“medicine”。

另外，有些词汇的转化与之相反，是从一个抽象的概念转化为具体的概念。在数量上，它虽不占优势，但在英语中，这类词汇比比皆是。例如，作为抽象概念的“beauty”可以是“美丽”，但是在具体概念中，它的语义就是“美人”，作为抽象概念的“youth”语义为“青春”，但转化为具体概念它的意思就是“年轻人”；“wonder”抽象概念为“惊奇”，但具体概念就是“奇迹”。

与英语相比，汉语的词义是比较严谨的。在运用过程中，汉语词的词义比较精准固定，对于上下文的依赖较少，独立性较强。这是因为汉语的汉字都是按原义写的，很少有转义，我们一般称这种含义为“比喻意”。

词义的不完全对应是指一种语言中的一个单词在其他语言中具有多个同义词，这些同义词的含义大致一样，但它们的用法不尽相同。例如，“探究、调查”一词，在英语里可用“explore”和“investigate”表示，但两者所指不同，前者侧重指走访并探察某地以了解相关信息，后者侧重指查明事故、犯罪、科学问题等的真相。

随着时代的发展，词汇的意义也在不断地变化和转换，往往会破坏原来的对应关系，从而导致新义、旧义脱节的现象。有时候，词义演变为相似或相通词，而有时候又处在一种相反的、对立的关系中。在这种情况下，稍不留意，就可能在翻译过程中出错。如，“She learned me how to cooking”是说“她教我烹饪”，而不是“她跟我学烹饪”。

有些词汇在英汉两种语言里看似对应，实则不然。例如，“从天津到广州的航班每天有一班”，这句话如果翻译成“There was a daily voyage from Tianjin to Guangzhou”是错误的，虽然“voyage”也作为航班使用，但其专指的是轮船的航班，在此处，应使用的是飞机的航班“flight”，才为准确。

在英语的表述中，也有泛指和特指的区别。泛指是指首次提到的，不限定人或事物；特指是指在上文已提到的人或事物，或是指被限制性修饰语在其后加以限定意义的人或事物，也可以是指说话者双方心目中所默认的、特指的人或事物。但在汉语中是没有这种区别的。例如：

The size of the newly broadened square is four times that of the previous one.

新扩建的广场是原来的四倍大。（that 特指上文提到的 the size。）

You can’t imagine that rats eat 40 to 50 times their weight

你无法想象老鼠吃的东西是它们体重的 40 到 50 倍。（their weight 特指上文提到的 the weight of rats。）

三、英汉词汇产生差异的原因

根据我们对英、汉语中词汇化差异现象的描述和分析，可以从两方面来论述产生这种差异的原因，即社会文化因素和语言本体特征。

（一）社会文化因素

语言的演化跟社会发展密不可分，而“词汇化”的产生必然也是社会发展所促动。从社会文化方面来说，可以从以下几点进行切入：

1. 地域环境所导致的词汇化差异

实际上，地域环境的差别并非直接导致词汇化的不同。具体而言，由于地域环境的差异，人们会有不同的发展模式。例如，英国由于濒临海洋，航海业异常发达，发展出了盛极一时的“海洋文化”，汉民族由于大多地处内陆，沿河而生，多靠农耕、畜牧为生，诞生了富有特色的“农耕文明”。这种由于地域环境差异所导致的文化差异，进一步导致在词汇化方面的差异。例如，在英语词汇中具有丰富的跟“航海”相关的专业术语上文中提及的对“船”概念的分类就是很好的例证。相反，汉民族由于以“农耕文明”为主，我们对于和“农耕”相关的表达就相对较为丰富。对于这种情况下的词汇，如果进行英、汉语的互译，则一般需要用较为复杂的短语结构来进行描述。

2. 风俗、制度所导致的词汇化差异

中国历史悠久，经历了漫长的封建社会，可以说中国传统社会是具有高度等级化的社会。这种历史的传承和风俗文化使得中国在礼仪、制度方面具有特殊性和等级性。例如，根据周朝礼制，人根据等级不同可以分为十类，即王、公、大夫、士、皂、舆、隶、僚、仆、台。高度等级化的特征还体现在当时的亲属称谓方面，例如，古代有“九族”之称，即以“本人”为界，纵向各延展四代，分别为高曾祖父母、曾祖父母、祖父母、父母、本人、子、孙、曾孙、玄孙。延续至今，现代汉语中的亲属称谓更达 20 多种，而这在英语中很多都没有对应的词汇。

3. 各种人文、科学理念所导致的词汇化差异

各种人文、科学理念涉及人文、社科、宗教以及艺术等方面的理念。英、汉民族具有不同的历史发展进展，在发展过程中也各自发展出具有特色的文化理念，在词汇化方式上也有较大差异。在汉语中，我们有“经济学”“语言学”“人类学”“心理学”等学科，而英语中对应为“economics”“linguistics”“anthropology” “psychology”等，从这些对应的表达来看，英语中一般以派生词为主，而汉语中多为合成词。换句话说，以人文、科学观念方面的词汇化现象来说，英语的词汇化程度比汉语词汇化程度更高，这可能跟汉文化的“官本位”观念有关，中国古代多强调“出仕为官”，强调权力的重要性，这就在一定程度上导致中国古代科技发展相对缓慢，各种人文、科技理念普及性交叉，继而影射体现到词汇化的具体表达里。

（二）语言本体特征

语言本体特征的不同也是造成英、汉语词汇化差异的重要因素。

首先，英语一般被认为是综合型语言，这就使得英语的词汇化程度更高，词汇化多以派生的方式进行。汉语属于分析型语言，在词汇化过程中以自由词素组构形成的复合词或合成词为主，词汇化程度较低。

其次，英语作为综合型的黏着语言，形态较为丰富，在词汇化过程中可以借助丰富的形态来进行构词或派生。汉语是分析型的孤立语，一般认为缺乏形态，在构词上只能用合成法来进行构词。

最后，英语词汇主要以数量不同的字母组成，形态上或长或短，较为灵活。汉语词汇一般具有不同的笔画，但在整体形态上都属于“方块字”，空间占据较为均衡，多为不可分解的简单词汇。这也导致汉语在词汇化过程中多以复合词为主，而英语多以派生词为主。

第二节　英语词汇的翻译原则

翻译是两种不同的语言之间的相互转化，其中必然包含着两种不同的文化。翻译本质上就是跨文化交际，既要达到语言上的“对等”，又要实现文化内涵上的“对等”。翻译是一门科学，有其理论原则。国内外很多翻译界的学者都对翻译的原则阐述了各自的观点。翻译既是一种语言，也是一种文化。对原文忠实、反映原文的文化意蕴、实现文化交流是翻译的根本原则。在翻译过程中会遇到种种文化差异，掌握一些基本翻译原则可以帮我们解决这些文化差异。

一、文化再现翻译原则

（一）再现原语文化特色

翻译注重在语言格式和遣词造句等方面与原文内容保持一致，无论是文体内容还是表达形式都应该与原文存在高度相似，译者在翻译过程中应保留原文的丰韵，即译者要将原语的文化原汁原味地呈现给读者，而不能随意地抹杀或破坏原语的民族文化，以维护原始语言的完整与连贯性。例如，如果把“鸳鸯”一词直译为英语中 Chinese duck and drake 那就失去了该词的情感色彩，如果译者仅照字面意义进行翻译而不加解释的话，那么读者难以理解上述词语的真实语义和文化内涵，现在有的译者将此词译为“lovebirds”较为合理，这样不同文化背景的人才能更好地理解此词所蕴含的文化内涵。

（二）再现原语文化信息

译者在翻译过程中不会受到原文的影响，而是要深入地了解其所蕴含的文化内涵，并将其在译文中重现。例如，“It was Friday and soon they’d go out and get drunk”翻译成中文为“星期五发薪日子到了，他们马上就会出去喝得酩酊大醉”。这里并没有直接翻译成“星期五到了，他们很快就会出去喝酒”。从整体上看，整个翻译似乎很忠实，很流利，但读者也许会纳闷，他们怎么会在星期五的时候就出去喝一杯。其实，在英美的文化中，周五就是工资发放的日子。所以，在这里，我们应该把 Friday 具体化，把它的文化内涵重现出来。

翻译中的文化再现是翻译活动的本质和使命，译者必须时刻记住，原语文化的传播是翻译活动的最终目的。因此，根据文化再现的翻译原则，译者必须有相应的文化素养：一是由于翻译中的文化问题和语言问题一样，因此译者在处理这两个不同的文化背景时要有一定的灵活性；二是翻译工作者要善于传播文化，忠实于原文、重现其文化意蕴、实现文化交流是翻译工作者的责任与最高准则；三是要有文化修养，翻译工作者必须具有深厚的文化基础，才能承担起跨文化交际的责任。

二、文化差异对等原则

（一）内容等值

从实质上讲，词义、句义和句法要素中的等效翻译是相对的，因为同一事物在不同的文化背景下所包含的含义也不尽相同，因而无法达到绝对的“对等”。例如，从红茶的翻译来看，在中国，红茶之所以被称为红茶，是因为用红茶泡水的颜色是红色的，但在英国，红茶是“black tea”，英国是根据茶叶的颜色而命名的；再如，在称呼方面，如果将“aunt”翻译成中文的婶婶，其实是根本没有实现绝对的等值的，这是因为，英文中的“aunt”指的是对母亲的兄弟姐妹的配偶的称呼，并没有排行，同时，英文中也没有像汉语一样将称呼进行细分，比如叔叔、婶婶、阿姨、姨父、舅妈、舅舅等，依据这种进行翻译也仅仅实现了相应的等值翻译，同样类似的英文词汇还有：brother、sister、cousin、nephew、niece 等。

（二）形式等值

根据功能对等理论，在翻译过程中，意义是第一位的，形式是第二位的，因为形式会在一定程度上掩盖原文的意义，从而妨碍交际，但这并不代表要忽略其形式的重要性。相反，形式本身就是其意义的部分体现，二者是一种相互作用的关系。

在翻译过程中，无论是在结构上还是在语法上都要达到与原文的等值，但只能是相对的。例如，在我国见面打招呼的方式大多为“你吃了吗”，这时，在翻译时，就不能直接翻译成：“Have you eaten your meal”，而应该考虑到我国的文化因素，将其译为“How are you”或者“Hi”。在翻译此句的过程中，如果非要达到绝对的等值，只会让老外觉得很莫名其妙，没办法理解文章的意思；再如，英国人对宠物的喜爱是出了名的，他们视自己的宠物为自己的伴侣，有些英国人虽然不喜欢猫狗之类的宠物，但是他们可以为从父母那里继承来的宠物“养老送终”。因此，在英美流行的谚语“Love me，love my dog”意思并不是像狗一样对待自己爱的人，而是让自己的朋友“如果喜欢我，就要喜欢我的狗”，在中文表达中就是“爱屋及乌”，因此，在这样的句子中，只能采取相对的等值原则进行翻译。

（三）风格等值

翻译想要达到事先期待的目标，务必首先使译文不论从内容到言语方式、语体、风格，还是从语言到社会、文化因素各方面都与原文成立对等关系。因此，保证原文与译文的风格对等是十分有必要的。在翻译过程中，一方面要保证其言语的规范性、简洁性、明确性，另一方面又要选择通俗易懂、生动形象的词汇来表达其实质内涵，凸显原文的风格与特色。翻译只能在写作风格、文体风格等方面达到与原文风格相媲美的程度，但并不是绝对的。

由于意识和文化因素的影响，不同文化间的交流可能会产生误解和冲突，因此，要想避免这种情况，必须提前了解源语文化的文化背景，并适当地进行等值翻译。翻译对等理论的核心是功能对等，而非“完全对等”。

翻译等值的原则指导着我们应从整体上全面考虑译文中所包含的各种要素，力求译文达到整体上的相对等值。等值理论为翻译提供了一种全面综合的评判标准，但这并不代表我们可以忽略语言能力的作用；在翻译中，我们要充分认识到源语中文化成分的重要性，并力求在文本中找到文化上的对等。

第三节　英语词汇的翻译策略

翻译是一种跨文化的学科，涵盖了各个民族的语言、艺术和文化；它的目的是推动本语言社会在政治、经济、文化等各个领域的进步，而它的作用就是将原文中所蕴含的真实世界和艺术形象完好地由一种语言迁移到另一种语言中。

一、要结合相关语境

翻译是在准确、通顺的基础上，把一种语言信息转变成另一种语言信息的行为；也是一种跨语言、跨语境的文化传递现象；同时也是一种理解与表达兼并的过程。理解体现在译文要绝对忠实于原文，并要最大化再现原著的完美形式。因此，它不仅需要在文本对等格式、文化背景合理性等方面力求精准，并且也应将译文所处的历史时代环境下的真实语境考虑在内，凸显翻译过程的精准性、整体性和全面性特征。有鉴于此，翻译要从微观层面考虑词汇选择与句法释义，从宏观上把握文本所处的时代和历史背景及社会现象，不能将翻译文本与语境割裂开来。翻译不仅仅是字符表面指称意义的简单转换，而是在不同语境下的沟通与文化移植。这要求译者扮演并搭建起不同语境下互通的桥梁角色。除此之外，英语中的多义词非常多。如果这个多义词孤立地出现时，其含义就会变得模糊不清，但是，当它与其他词搭配出现时，便形成了一个词汇语境，我们可以借助于这个词汇语境，将此词义准确定位。我们可以根据以下几个方面进行词义的确立：

（一）风俗习惯

每个国家都有其特有的风俗和习惯。这些风俗和习惯导致了不同语言上的文化差异。从出生开始，人们的情感、行为、经验等都会受到国家和社会风俗习惯的影响。所以，它们能反映人们的观念和生活水平。例如，东方人的主食是水稻，而西方人的主食是小麦。从而就衍生出了当谈到生活贫穷时，汉语会说“日无半升米”，而英语会说“beg for bread”。对于颜色方面，中国人一贯以红色为喜庆的颜色，过年要放红鞭炮、贴红福字、点红灯笼，结婚也要穿红色的衣服，任何喜事都与红色挂钩，在西方，人们一贯认为红色具有贬义色彩，例如，“red cock”意为“纵火引起的火灾”。白色自中国古代以来就代表着死亡的颜色，人去世要穿白色丧服；在西方却恰恰相反，白色是结婚婚纱的颜色，因为在西方人眼里，白色代表着纯洁，例如，“a white lie”意为“善意的谎言”，“a white man”意为“一个善良的人”。在礼貌用语方面，中国人在接电话时会问对方“您是哪位”，在英语中绝对不能说成“who are you”，而是“who is this”。

（二）历史因素

历史典故对英汉翻译的影响也至关重要。只有真正了解典故的含义，才能作出相应的且准确的翻译。汉语的典故大多来自中国的四大名著、《汉书》、《战国策》等。西方国家的典故大多来自《圣经》。例如，英语中的“遮羞布”，如果不了解这个词的来源，只按汉语思维很容易翻译成“clothes for embarrassment”。但在《圣经》中，亚当和夏娃偷吃无花果后看到自己的身体是赤裸的，随即两人拿起无花果的叶子遮身，从此无花果的叶子就成了遮羞布的代名词，所以遮羞布应翻译为“fig leaf ”。同样，汉语中有些典故也不能直译出来，而要了解文字背后的真正含义。例如，汉语中“四面楚歌”翻译成英语时，不应该按照字面的意思翻译成“the songs of Chu in all directions”。要了解，四面楚歌在汉语中的意思是四面受敌，处于孤立无援的困境，所以应该翻译成“be besieged on all sides”。

（三）感情色彩

词汇的情感色彩是由其在交际情境中的使用情况而决定的，体现了作者对这个词的肯定、否定、尊敬、诅咒、古朴典雅、庄严肃穆、诙谐幽默等含义。

1. 庄重的正式用语

表示交际对象间的关系十分郑重，用于公函、公开演讲等。如 lift up one’s heart（使）振奋精神、make common cause 联合起来、take the liberty of 擅自等。

2. 典雅的文学用语

这类成语多源于经典文学作品或诗歌，具有典雅、庄重的文言风格。例如，a land of honey and milk 鱼米之乡、富饶的地方，love in a cottage 贫贱夫妻的生活，give ear to 倾听，be the captain of one’s soul 掌握自己的命运。

3. 委婉含蓄的用语

委婉的表达是一种婉转而间接的表达方式，用于提及令人不快或不雅的事。例如，go to meet one’s maker 去死，in the family way 怀孕，a fair-weather friend 共享安乐的朋友。这是一种潜藏于言辞之中的表达方式，其实就是“弦外之音”。

4. 幽默语

成语的幽默性是同它的含蓄性紧密相连。例如，miss the boat 意为错失良机、even a dragon（from the outside）finds it hard to control a snake in its old haunt 强龙难压地头蛇、add insult to injury 雪上加霜、bed of roses 称心如意的生活、a bitter pill 不能不做的苦事、fear the wolf in front and the tiger behind hesitate in doing something 前怕狼后怕虎、a piece of cake 小菜一碟、white night 不眠之夜等。

5. 质朴的非正式用语或口头用语

大多数成语均属此类。这类成语的构成成分多为常用词（有时也有一些粗野的词），其比喻形象通常为生活中最常见的事物，因而具有通俗质朴、生动活泼的风格及浓郁的生活气息。如 you can bet your life 尽管放心，没错；a dead end 死胡同；give the green light 开绿灯，批准；black sheep 败家子；get you 够了，去你的（用于回敬某人的自吹自擂）等。

（四）运用范围

翻译时应正确理解词的含义，把握词的适用范围。

又如，“hurt，injure，wound，impair”的共同含义都是“受伤，损伤”，但每个词的适用范围和受伤程度各不相同。hurt 为身体上或者感情上的受伤，例如，“no one was hurt”（没有人受伤），“injure”（尤指在事故中）伤害，使受伤，损害，伤害（如名誉、自尊等），“wound”多指（刀、枪或其他武器所致的）创伤，例如，“the wounded man”（被武器刺伤的人），“impair”指受损，削弱，例如，“some cases lead to impaired heart function”（有些病例会导致心脏功能受损）。

（五）轻重缓急

在词义翻译的过程中，也要分清词语的轻重缓急。不同程度的下雪有不同的表达，如暴风雪为“snowstorm”，大雪为“heavy snow”，中雪为“moderate snow”，小雪为“minor snow”。表示笑的词语也有很多，比如，“smile”是微笑，“laugh”是出声音的笑，“giggle”是咯咯地笑，傻笑，“grin”为露齿的笑，“chuckle”为含笑，轻声笑，“roar”为哄笑，大笑，“cachinnate”为放声大笑等。

二、要根据语法进行分析

对语法的分析在翻译时是非常重要的，正确掌握语法有助于理解文章的内容，帮助译者最完美地还原源语的特色和内容。语法分析主要从构词法、词性、涉指关系和句子的成分来进行说明。

（一）构词法

词语的形态结构反映了词语本身的意义，分析词语的组成可以帮助理解词语的意义，获取词语的基本意义，为译者选择词语提供一定的参考。另外，名词的单复数变化也会导致词义的变化。

spirit 精神——spirits 态度；精力

term 时期——terms 条件

time 时间——times 时代

relation 关系——relations 亲属

tin 锡——tins 洋铁罐

work 工作——works 工厂；作品

（二）根据词性判断词义

在英语中，一个词的词性可以有很多种。词性不相同，词义也会有所不同。掌握词的不同词性对于理解句子的意义有很大的作用。例如，fight。

He fought his way through the crowd（动词）

他从人群中挤出一条路来。

I'm tired of your fight！（名词）

我受够了你们的争吵！

Go fight on until you can see the library.（副词）

一直朝前走，直到你能看到图书馆为止。

（三）从涉指关系来分析

涉指关系是指词语在语境中的照应，如人称照应、指示照应、对比照应等。

人称照应是指以人称代词、形容词物主代词和名词物主代词来实现照应关系。人称也可以分为第一、二、三人称。第一、二人称的所指目标主要是说话人和听话人自身，所指向的目标是显而易见的，其含义也很明确。

指示照应指的是说话人通过指明事物在时间和空间上的远近来确定所指对象。在英语中，它主要是由有选择的中心词、修饰词或限定词，比如，this、that、these、those、there、then 等来实现的；汉语由“这”“那”，复数含义的“这些”“那些”，还有衍生的词，例如，“这个”“那个”等来实现。

对比照应指的是用比较事物异同的形容词或副词以及它们的比较级（如 same、similarly、differently 等）所表示的照应关系。

（四）从句子成分来分析

一个词在句子中的成分不同，其含义也是不同的。尤其是当一些词汇在形式上可以作为两种成分时，要依据语境和整个句子的意义作出正确的判断，否则就会出现误解。

三、要注意词语搭配

词语搭配是指词语的横向组合关系。英汉语言在长期的使用中，都会产生一些固定的短语，或者是常用的组合，这些组合有时可能会译成另外一种语言。造成英汉词汇搭配的差异主要有三个方面：一是词汇在各自的语言中的应用领域大小不同，二是词语的引申意义因其各自的语言而异，三是词语的语境搭配在其各自的语言中有不同的分工。所以，在翻译过程中要注意英汉词语之间的搭配差别，并根据译语的特点，选择合适的语言。

不同语言中词语搭配的可能性是多种因素共同作用的结果，英汉语词汇也是如此，它们都有自己独特的搭配规则。如“charge”，当它出现在不同句子中时，就会产生不同的意义。

The young man is in charge of the company.

这个年轻人负责管理这个公司。

My cell phone is fully charged.

我的手机充满电了。

How much do you charge me for mending shoes？

补鞋要多少钱?

He was charged with murder.

他被指控犯有谋杀罪。

另外，英汉语中的动物叫声表达方式也各不相同。在汉语中，“叫”是最常用的描述动物的叫声，但是英语中的动物叫声有着大量的拟声词。在翻译过程中，如果不分青红皂白，就会产生搭配上的失误。例如，狗叫——dogs bark、小鸡吱吱叫——chickens peep、蜜蜂嗡嗡叫——bees buzz、鸭子呱呱叫——ducks quack、绵羊咩咩叫——sheep bleat 等。

四、要尊重对等关系

在翻译过程中，译者应保持深刻的文化意识，以便于获得被读者接受的文化对等。源语中的文化是不能自己随意选择的，应兼顾到两种语言和文化的不同和契合之处。因此，在不同的文化语境下，可以采取以下不同的翻译方式来保持与源语在一定程度上的对等：

（一）直译法

直译法就是既保留原文的内容又保留原文形式的翻译方法。为了使译语具有与原文相一致的语义和语用价值，译者能够从译语中提取源语的文化信息，同时尽量保持源语的文化特性，使其与源语具有同等的语言和文化含义，拓宽译语读者的文化视野，促进两国文化的交流。例如，crocodile tears 鳄鱼的眼泪（比喻假慈悲）、Trojan horse 特洛伊木马（比喻暗藏的敌人或危险）、round-table conference 圆桌会议（指与会者围圆桌而坐的一种平等对话的协商会议形式）、中秋节 Mid-Autumn Festival、月饼 moon cake、五四运动 May Fourth Movement 等。

在许多情况下，翻译之所以能够顺利地运用，是因为能够从源语中发现与译语等值的词语或句子。

（二）移植法

为了保持原作的风格，在翻译英语中的习语时，既要遵循汉语的规范，又要能让中国的读者熟悉，因此，不妨大胆地把它移植过来，在保留英美特色的同时，把英美文化引入汉语中来，使汉语的词汇更加丰富，同时也有助于汉语表达水平的进一步提升。被移植过来的形象，一定要能被读者所接受，并且不会引起误解。它具有跨文化交际、语言融合、增强目标语言表达能力的优点。

（三）音译法

音译法是指用发音相似的英语或使用汉语拼音来进行翻译。由于文化差异的思维方式的不同，一种语言中的某个词语并不能在另一种语言中找到与之完全适应的词语来进行表达，就会导致语义空缺这一现象的出现。在这种情况下，利用音译方法进行文化负载词的翻译，可以在一定程度上保持源语的文化特征，并防止文化上的误解。

Her chi，the boundless energy.

她元气充沛。

中国人对“气”的理解非常广泛。我国古人把不能触摸的物质、各种看不到的东西，统称为“气”。中国认知传统与西方认知传统有所不同。西方喜欢形而下，钻到形质里边去；中国喜欢形而上，上升到抽象的功能属性层面。由于西方并没有这种表达，所以采用音译的方法，将“气”翻译成“chi”，很好地传播了中国文化，使外国读者更好地了解并融入中国文化。

（四）译注法

历史事件、人物、典故等在任何一种语言中都具有自身的文化特征。在翻译过程中，译者可以采取“译注”的方式，即以直译为基础，通过添加注释、释义等方式对文化背景进行阐释。这样不仅能保持原作的文化气息，而且还能使读者更好地理解原文。

（五）重创法

“重创”是把源语的深层次结构转化为目标语言的表面构造，即用译语中的语言来解释源语文本中的文化意义。当语言形态变化依然不能传达原文的意思和文化时，可以采取“重创”的方法，通过这种方法来处理源语与译语之间的文化关系。

第五章　基于文化视角的英语句式翻译

中西方文化的差异在英汉两种语言中体现明显。对于英语句式的翻译，必须考虑到中西方思维和文化的差异，正确认识中英句式的不同之处，在翻译时采用恰当的翻译技巧，从而使译文更加符合目标语言的表达习惯。本章分为特殊结构句的翻译、常见英语从句的翻译、英语长难句的翻译三部分，主要包括被动句的翻译、并列结构句的翻译、名词性从句的翻译等内容。

第一节　特殊结构句的翻译

一、被动句的翻译

针对基于文化视角的英语被动句翻译，首先要探究其定义及功能，并对其翻译策略进行总结，其次将具体阐述英语被动句的定义及分类，并对英汉被动句的异同、研究现状及其翻译策略进行概括总结。

（一）被动句概述

1. 英语被动句的定义及分类

由于社会的发展，人们对语言交际的要求也变得更加严格，因此为了提升辨义功能，人们需要使用不同的语态来区分对同一事物的不同认知结果。另外，由于人们概念化水平的不断提高，从不同视角出发，对同一事物也形成了不同的表达结构，因此区分出了主动语态和被动语态，英语中也是如此。

关于被动句的定义，讲师杜淑珍认为：“被动句是以被动形式的动词词组作谓语动词的句子或分句。”近年来，学者们开始从认知语言学角度出发探究被动语态，因而从认知角度考虑可以将被动语态定义为：“说话者观察事物的立场和叙述视角的改变导致语态的转换，表现在语言表达上就是句子结构的变化。”由此可知，被动句就是被动语态在句子结构变化上的体现，其强调的是谓语动词与主语在逻辑上的动宾关系。

关于英语被动句的分类，学者曾宗祥从被动意义的表达上将英语被动句分为五大类，分别是着重强调无生命施动者的被动句，从受动者出发、强调被动动作的被动句，以受动者为主体、强调整个事实的被动句，出于结构需要的被动句和规避施动者的被动句。

孟志刚、熊前莉根据被动句结构和是否带有施事，将其分类归纳为以下两大类：第一，Be- 型一般被动句、Get- 型一般被动句、Be- 型复杂被动句、Get- 型复杂被动句；第二，无标志被动句和有标志被动句，无标志被动句指的是句子中不出现任何被动标志，无法从句式上区分主动或被动，有标志被动句的特点是句中谓语动词的变化。

刘凤、刘伟丽将英语被动句分为结构被动句和意义被动句，结构被动句指的是通过动词的结构形式表达受动关系，意义被动指用动词的主动关系表示被动意义。

在英汉两种语言中，被动句的使用是很常见的现象，但由于中西方文化背景和思维方式存在差异，两种语言分属不同的语系，因此，在被动句的使用上既有相似之处，又存在差别。英汉双语中都存在结构被动句和意义被动句，但在语言表述上有着明显的区别。英汉被动句的差异点在于以下两点：第一，英语结构被动句中往往带有标记特征，句子中常用“be/get + V-ed”来表示被动意义，而汉语结构被动句结构是“受事者 + 被动标记 + 施事者 + 动词”；第二，英语意义被动句中有些动宾词组或不及物动词在“主语 + 谓语 + 补语”结构中，虽然无明显被动结构特征，但通常表示被动意义，而在汉语中，无须明确表达施动者或者主被动意义可明确区分，则可使用意义被动句。

2. 英汉被动句句法语义对比分析

众所周知，中西方文化背景和知识存在一定的差异，因此，英汉被动句的句法语义也是有所不同的，接下来将对此进行对比分析。

（1）主语

第一，有定性。现代汉语“被”字句中，受事主语一般情况下是有定的，极少数情况下是无定的。“被”字句的受事主语一般是名词性成分，主要包括名词及代词，而且往往主语表示的都是已知的、确定的人或物。其有定性越高，作为受事主语出现的概率越大，如果是无定的，一般是不能作为受事主语的。

英语被动句没有这种限制，其受事主语可以是有定的，也可以是无定的。有定的受事主语一般由带定冠词或限定词的名词性成分充当。

英语中无定的受事主语由不带定冠词的名词性成分或单个名词性成分独立充当，这种受事主语并不常见，但多于汉语的无定受事主语。

现代汉语“被”字句与英语被动句主语有定与无定的区别还体现在某些受事上，这些受事并不是常见的名词性词语，而是以复杂句的形式存在。这个时候，汉语一般是采用将复杂句名词化的方式，将其变为有定的名词性词语。

“被”字句中若受事主语是成分过多的复杂句，那么该表达势必影响其信息的有效传递，其有定性在句中也无法凸显，因此，若必须将其作为受事主语的话，则要对此复杂句进行名词化处理。英语在处理复杂句成受事时，由于受事主语并没有有定性的限制，因此，可以使用具有无定性的形式主语“it”来作为受事形式主语，而真正的受事放置于后方。

对上述内容进行总结概括，可归纳为：汉语“被”字句的受事主语一般是有定的而不能是无定的，有定性对受事主语的限制作用也间接限制了“被”字句的使用，一方面要求必须具有有定性的名词性词语才能充当受事，另一方面使得“复杂句”成受事时，必须通过名词化转化为有定的名词性词语。英语被动句对受事主语是否有定并无要求，因而其受事主语可以是有定的，也可以是无定的，并且“复杂句”成受事时，可以将形式主语“it”作为受事主语，而将真正的受事主语以从句的方式置于后方。

第二，相关性。此处的相关性指的是受事主语与实施的关系。在英汉被动句中，受事主语与施事一般是两个相互独立的事物，语义上是可以完全区分开来的。如“狗被爸爸卖掉了”，此时受事主语“狗”与施事“爸爸”是两个相互独立并且语义上完全可以区分开来的事物，二者的联系是人为创造的联系，即“被喂养者”与“喂养者”之间的联系。还有一类被动句中受事主语和施事并不总是完全可区分开来的，二者之间的联系是自然的、客观的、非人为创造的联系，这类联系可分为两种，一种是同指关系，另一种是同源关系。由于文化差异的存在，具有同指关系或同源关系的受事主语与施事在英汉被动句中的表现也具有差异性。

同指关系即受事是施事身体的一部分。英语被动句中一旦出现受事主语与施事之间是同指关系的情况，一般是不能成句的。

同源关系即受事与施事实际上是同一个事物，或同一个个体。英语被动句中一旦出现受事主语与施事之间是同源关系的情况，一般是不能成句的。

当英语中必须出现受事主语与施事为同源关系时，受事主语只能是代词主格，且宾语只能为反身代词，不能是主语为反身代词而宾语为主格或宾格，也不能是主语和宾语同时是反身代词。

对于现代汉语“被”字句中施事与受事的同源关系的研究，可以借助BCC现代汉语语料库，对库内文学类型语料（字数数量为30亿）中具有同源关系的“我被我自己V”“他被他自己V”“她被她自己V”“它被它自己V”“他们被他们自己V”“她们被她们自己V”“我们被我们自己V”“我被自己V”“他被自己V”“她被自己V”“它被自己V”“他们被自己V”“她们被自己V”“我们被自己V”“自己被自己V”15个句式结构的语料进行查询并统计，统计结果如表5-1所示。

表5-1　BCC现代汉语语料库中具有同源关系的“被”字句统计表

格式	例子	数量	占比
我被我自己V	结果我被我自己打败了	10	11.36%
他被他自己V	0	0	0
她被她自己V	0	0	0
它被它自己V	0	0	0
他们被他们自己V	0	0	0
她们被她们自己V	0	0	0
我们被我们自己V	0	0	0
我被自己V	我被自己感动了	70	79.55%
他被自己V	他被自己吓坏了	2	2.27%

续表

格式	例子	数量	占比
她被自己 V	她被自己吓了一跳	5	5.68%
它被自己 V	0	0	0
他们被自己 V	0	0	0
她们被自己 V	0	0	0
我们被自己 V	0	0	0
自己被自己 V	因为自己被自己吓着了	1	1.14%

通过调查发现，在所有具有同源关系的句式中，只有“我被自己 V”句式在现代汉语交流中具有较大的生存空间，而其他句式在汉语使用上是受到限制的。其结构是“主格”充当受事，“反身代词”充当施事，这一点与英语被动句相似。

值得一提的是，由于汉语言是没有“格”语法范畴的，所以现代汉语被动句中会出现“自己被自己吓着了”的句子，感觉起来像是反身代词“自己”同时充当了受事主语和施事，但实际上并非如此，在“自己 1 被自己 2 吓着了”的句子中，受事主语“自己 1”其实应该看作是主格，而施事“自己 2”才是真正的反身代词。英语语言有严格的格限制，因此，就不会出现“Myself was beaten by myself”的情况。

对上述内容进行总结概括，可归纳为：英汉被动句中受事主语与施事之间有时候会具备一种天然的、客观存在的、稳定的联系，这种联系可以分为同指关系和同源关系。在英语被动句中当受事主语与施事具有同指关系时，一般是不能成句的，但在汉语“被”字句中，当受事主语与施事具有同指关系时，却是可以成句的，不过成句之后句子具有歧义，需要在具体的文化语境中对句义进行把握；在英语被动句中受事主语与施事具有同源关系时，受事主语只能是代词主格，且宾语只能为反身代词，而汉语由于没有“格”的语法范畴，所以会出现“自己 1 被自己 2V”的结构。

第三，可分离性。这一特性主要是针对受事成分而言。汉语“被”字句的主语常常充当谓语动词的受事，但在有的句子中，句首主语只是谓语动词的表面受事，谓语动词后的宾语才是真正受事。这种情况下的谓语动词宾语，通常与句子主语具有某种联系，或者说，这个宾语通常属于主语的某一部分，与主语之间存在一定的联系。这种结构特性可以定义为“可分离性”，其主要内涵是指谓语动词的受事成分并非完整地、连续地出现在句首的位置，而是分为两部分，分别出现在句首和谓语动词之后。

由于“被”字句的受事成分具有这种可分离性，句子也可以通过将谓语、宾语提到句首的方式转换为常见的“被”字句形式。

英语被动句中的受事成分一般只能集中出现在句首的位置，否则句子便无法成立。

对上述内容进行总结概括，可归纳为：汉语“被”字句的受事成分具有可分离性的特点，可以分为两部分，分别出现在句首和谓语动词之后的位置，但是必要的时候可以将其整合为常见的“受事主语 + 被 +V”结构，而英语被动句的受事成分通常只能完整、连续地出现在句首位置，不具有可分离性。即使有某种类似可分离性受事的用法，如“She was beaten on the nose”，也必须认识到此时“介词 + 身体部位”结构已经成为状语了。

（2）谓语

第一，动词。《语法修辞》一书中指出，在现代汉语“被”字句中，动词一般必须是及物动词。

“被”字句的谓语动词还不能是使令动词。汉语“被”字句中的动词一般为处置式动词，如“做、干、修、送”等。“被”字句中谓语动词常具有强动态性，常用于表达已实现范畴，在表达未实现范畴时，一般需要在前面加上“会、可以、能、应该”等能愿动词，而心理动词、关系动词、能愿动词等动态性较弱的动词一般是无法在这个位置存活的。

与“被”字句相同，英语被动句的谓语动词，也只能是及物动词或相当于及物动词的动词短语才能充当。

表示状态的动词，因其过去分词不能表示行为结果，故也不能用于被动语态。如 last、hold、benefit、contain、equal、fit、join、mean、last、look、like、consist to 等。

另外，英语中有一类动词，不表示具体的动作，只起连接主语和表语的功能，这类动词叫作系动词。常见的系动词类型有 be 动词（am，are，is）、表似乎（seem，appear）、表感官（feel，smell，taste，sound）、表保持（remain，keep， stay，continue，stand，rest）、表变化（get，become，turn，grow，make，come，go，fall，run）。这类动词是没有被动形式的。有学者把动词所实现的意义分为“事件、过程、行为”等范畴，指出系动词并非“事件、过程、行为”范畴中的任何一种，系动词所表现的仅仅是“判断”范畴，因而系动词必然没有被动形态。

英语被动句的动词也是必须具有处置性，必须是多价动词，必须能关涉多个事物。

上述内容为英汉被动句的共性，实际上，英汉被动句谓语动词的鲜明特征，主要体现在二者各自不同的限制性条件。现代汉语“被”字句的谓语动词不能是光杆动词，谓语动词其后一般附带了附加成分，形成动补结构或直接加动态助词。也存在单独的双音节动词，这类双音节动词一定是具有处置性和表结果之义的。另外，在现代汉语中，只有少数的不及物动词在附有表因果关系的“得”字补语或结果补语时才能使用“被”字句。这种特性使得汉语具有很强的处置性、动态性，即表示结果之意，大部分“被”字句一般是用来表示有结果的事，即已经发生了的事，而未发生或即将发生的事通常需要用“被”字句进行表述的时候需要在前方加上“会、可以、能、应该”等能愿动词。

英语被动句的谓语动词，可以是没有添加附加成分的形式，即单个动词的过去分词。英语谓语动词主要是和“be”一起形成“be-Ven”结构，再通过“be”的变形，来实现人称、时态，数等的变化。

这种不需要加其他附加成分的特性，使得英语被动句的使用范围远远广于“被”字句，使用频率也高于“被”字句。

另外，从是否存在某些谓语动词为被动句所独有上看，汉语“被”字句的谓语动词并不是“被”字句所专有的，大部分的“被”字句中的谓语动词可用于主动句，若不能用于主动句也可用于“把”字句。

英语被动句中有一类及物动词，它通常用于省略了施事的被动语态之中。这些句子中施事省略的原因要么是被认为不值得一提，要么是因为它实际并不为人所知晓。这类动词有：schedule、allege、baffle、condition、daze、deem、empower、fine、horrify、hospitalize、jail、overcome、paralyze、penalize、populate、price、ration、reconcile、reunite、rumor、acclaim 等。

从双及物动词在被动句中的使用上看，英汉主动句中都存在谓语动词（双及物动词）后接双宾语的情况，但两者转换为被动句时，呈现一定的差异性。

对上述内容进行总结概括，可归纳为：英汉被动句的谓语动词的共性为必须是及物动词、多价动词、处置性动词，而不能是表状态类动词、使令动词、心理动词、关系动词、能愿动词等动态性较弱的动词。英汉被动句谓语动词更鲜明的特征在于二者各自不同的限制性条件，“被”字句的谓语动词不能是光杆动词，谓语动词其后一般附带了附加成分，形成动补结构或直接加动态助词；也存在单独的双音节动词，但是这类双音节动词一般是动补式合成词或联合式合成词；只有少数的不及物动词在附有表因果关系的“得”字补语或结果补语时才能使用“被”字句，这种特性使得汉语具有很强的动态性与表示结果之意。英语被动句的谓语动词，可以是没有添加附加成分的形式，即单个动词的过去分词（与“be”形成“be-Ven”结构，再通过“be”的变形，来实现人称、时态，数等的变化），这种不需要加其他附加成分的特性，使得英语被动句的使用范围远远广于“被”字句，使用频率也高于“被”字句。此外，英语还有数量众多的专门用于被动语态的动词，而汉语并无这类动词。最后，英汉双宾语主动句中可转换为被动句的谓语动词都是双及物动词，但是二者词性存在差别，汉语这类句子中的谓语动词具有选择性，只能后带间接宾语而不能带直接宾语，而英语此类句子中的谓语动词具有包容性，既可以带间接宾语，又能带直接宾语。

第二，介词与宾语，具体内容包括以下几部分：

其一，介词。英汉被动句中，引出施事的句法单位为介词“被”和“by”，下面进行这两个成分的粘着性和句法地位的对比。

从介词与施事的粘着性上看，“被”字句中，“被”与施事的粘着性并不高。“被”字单独出现而不带施事的句子俯拾皆是，一般而言，“被”字之后的施事若非语境需要是可以省略的，省略施事之后的“被”字并不影响其被动标记的功能。历来有学者对与施事一同出现的“被”和省略了施事单独出现的“被”的词性进行讨论，其实不管“被”是介词词性还是助词词性，在此都不影响对“被”字与施事粘着性的探讨。

在英语被动句中，“by-施事”是紧密粘着在一起的：一方面表现为当语境需要强调施事的时候，“by”必定与施事同时出现；另一方面也表现为当句子无法确定施事或无必要说出施事的时候，“by”与施事则同时不出现。

从介词的句法地位上看，“被”字句中的“被”是被动句的被动标记，必须出现在句中，起被动语法意义的作用，即使施事被省略了，“被”字也不能省略。

英语被动句中的“by”并非英语被动句的被动标记，其语法作用也只是为了引出施事，所以会随着施事的省略而省略，省略之后也不影响句子的被动意义。

另外，由于在英语被动句中“by”仅仅起到了引出施事的语法作用，所以一般认为“be-Ven”才是英语的被动标记，但是在某些句子中“be-Ven”出现了部分省略的情况，这一点也是不同于“被”字句的被动标记“被”的。且这些省略之后的句子仍为英语被动句，其“be”也是可以补上的。

对上述内容进行总结概括，可归纳为：现代汉语“被”字句中，“被”字与施事的粘着性不高，“被”字可以单独出现，而它的句法地位较高，起被动语法意义的作用，在“被”字句中不能省去。英语被动句中的“by”与施事的粘着性高，句法地位较低，起引出施事的语法作用，在被动句中可以和施事一同省去。英语的被动标记实际上是“be-Ven”，且该结构在定语从句中是可以省略“be”动词的。

其二，介词后宾语。在英汉被动句中，“被”与“by”之后的宾语是事件的施事，在此有必要对施事的出现与否进行讨论。

从施事的出现与隐藏的频率上看，英汉被动句中都存在施事隐藏的情况。施事的隐藏一般是由于它是不言自知的或无法说出的，这是两种语言的共性。英语被动句的施事隐藏频率远远高于汉语。有学者指出：“现代汉语‘被’字句的施事常出现在‘被’字后方，有施事出现的‘被’字句约占了‘被’字句总数的八成。”这也从侧面反映了现代汉语被字句一般会配备施事的特征。同时，“在有些汉语‘被’字句中，施事的隐藏一般是由于施事是不言自知或泛指的，如果出现了确指的情况，那是必定需要施事的出现的”。

在英语中由“by”引出施事的被动句只占英语被动句总数的一到三成，可见英语被动句中施事并非一定要出现。另外，在英语被动句中，“by-施事”结构的省略一般也是由于施事是泛指的，或是无法说出、很难说出的。

从施事无须指出的处理方法上看，在现代汉语中，如果出现施事不必出现或不能出现的情况时，除了使用“被”字句还可以使用其他方法对事件进行表达：第一，使用无标记被动句；第二，直接使用无主句这种主动形式；第三，采用通称或泛称（如“人”“有人”“人们”“大家”“别人”“某人”等）作主语，以保持句子的主动形式。

在英语的语法结构中句子是不能没有主语的（祈使句除外），因此，便只能使用省略施事的被动句对事件进行描写。

从施事必须出现的情况上看，英汉被动句施事必现的条件几乎是一致的。汉语被动句中施事必须出现的时候，一般都是对施事的强调，告知听话人“施事”这个新信息。

英语也与此类似，新谷（Shintani）对英语中书面语被动句与口语被动句进行了分析，总结出以下几点施事必须出现于被动句中的规律：

①施事为发明家、艺术家、革新者、发现者等专有名词时。

②施事是未确定的名词短语，即新信息。保留施事是为了向听话者传递新信息。

③施事是具有生命义的名词短语，保留它的原因为一般情况下说话者预料的施事都是属于具有生命义的名词短语，而不具有生命义的名词短语做施事是预料之外的事。

此外，新谷在研究中指出，英语被动句中几乎所有被省略的施事都是具有生命义的名词短语。

对上述内容进行总结概括，可归纳为：英汉被动句中都存在施事隐藏的情况，施事的隐藏一般是由于它是泛指的、不言自知的、无法说出或不需要说出的，但是英语被动句的施事隐藏的频率远远高于汉语。在汉语中，当施事不需要出现或无法出现时，汉语除了使用“被”字句，还可以使用无标记被动句、无主句，“通称”做主语的主动句，而英语由于严格的语法限制（句中必须有主语），所以当施事不需出现或无法出现时，只能使用被动句。当需要对施事进行强调或施事是新信息时，英汉两种被动句中都必须出现施事。

（二）被动句的翻译策略

基于文化视角，学者们针对英语被动句的翻译策略提出了不同的观点与建议，具体分析如下：

郑家钦主张从形合、意合的角度来讨论英语被动句的翻译，提出“英语重形合，被动句使用的目的是强调受动者、衔接上下文或者平衡句子结构；汉语重意合，主语在逻辑上可以是施事、受事，也可由其他成分充当”。由此提出五种翻译方法：将英语的被动句译为有标识的汉语被动句、无标识的汉语被动句、汉语无主句、汉语判断句、不符合以上特点的特殊翻译法。

李双赢、莫莉则是从功能对等的角度来探讨，在充分考虑文本在源语和译入语的功能的情况下，将英语中的被动句分别译为汉语中的被动句、主动句、判断句和无主句。

郑佩妍将被动语态分为带施动者的被动语态和不带施动者的被动语态，并提出相应的翻译策略。这样的分类使得研究对象明确，并且使得翻译策略得以具体化。

针对被动语态的翻译策略，刘宓庆教授提出了十种具体的翻译方法：被动语态转换成主动语态、转换主语、使用泛指主语或无主句、使用“……的是……”或“……是……的”、使用“……为……所……”式、用介词短语、动宾式合成动词引导句、译为“被”字句、双动动宾式、其他句式等。

总结上述学者提出的观点，并根据不同语言文化背景的差异性以及文学类文本的特点，将英语被动句的翻译策略分为以下几类：转换为汉语被动句、转换为汉语主动句、转换为汉语判断句、转换为汉语无主句。

1. 转换为汉语被动句

关于英语结构被动句，在需要强调谓语动词和主语之间的关系时，可以译为汉语被动句，而汉语被动句一般可分为有标志被动句和无标志被动句，在翻译时可以尽量保留原文的形式，并将原文信息全都译出。

（1）有标志汉语被动句

在英语结构被动句中，有时需要强调谓语动词本身，这时可以保留原语形式，将英语被动句转换为有标志汉语被动句，而有标志汉语被动句，主要表现为由“被”字和“由”“遭”“受”等组成的被动结构。

（2）无标志汉语被动句

在英语中，被动句的使用是一种广泛现象。相较之下，汉语中使用被动句的频率显得较低。因此，为了符合汉语读者的阅读习惯，可将英语被动句译为无标志汉语被动句。无标志汉语被动句在含义上与有标志汉语被动句并无区别，只是主语是谓语动词的受动者，有时无须添加“被”字结构，即可表达意义。

2. 转换为汉语主动句

英语中一般可以将无生命的事物作为主语来构成被动句，但需要注意的是，汉语中通常是人作句子主语，因此，在翻译时需要将句子结构进行调整，用主动句来表示被动含义，从而使译文更好地传递原文含义。

（1）变主语为宾语

一般情况下，英语被动句中无生命名词可以作为句子主语来构成被动结构，但这种在汉语中并不多见，因此，在翻译时，常常将英语中的主语变为汉语中的宾语。

（2）保留原句主语

在某些情况下，原句的主语可以保留。作为译文中的主语，这种译法既不影响原文意义的传达，又符合汉语的表达习惯。

3. 转换为汉语判断句

英语被动句在汉译的过程中，有一部分句子会翻译为汉语“是……的”句。“是……的”句是用来回答或解释某事物是什么时候、什么地点、怎么样、由什么人做的等问题的句式，是判断句中的一种。

从受事受到的影响与结果义的表达上看，一些句子的谓语成分处置性与动态性较差。因而其影响与结果义也是弱化的，“是……的”句作用在于强调某个事实，主要是强调说明和解释动作是由谁在何时、何地做出来的，它的功能在于表达动作的施事、发生的时间、发生的地点等位置信息，该句型的被动意义也是比较淡的。

综上所述，当英语被动句的主语具有有定性，谓语成分具有一定的处置性与动态性，处施事位置（处于隐藏或出现的状态）的施事有时候并非动作或行为的真正发出者，句式具有一定结果义及中性义，句式作用在于强调某个事实，主要是强调说明和解释动作是由谁在何时、何地做出来的，它的功能在于表达动作的施事、发生的时间、发生的地点等位置信息，而被动意义较弱。由此，可翻译为汉语“是……的”句，而不能翻译为“被”字句的原因便在于该类英语被动句谓语成分的处置性与动态没有“被”字句的强，句式中受事受到的影响与结果义也弱于“被”字句，其作用在于表达动作的施事、发生的时间、发生的地点等位置信息，而被动意义较弱，不具备消极义。

4. 转换为汉语无主句

汉语中某些句子无须表明施动者时，某些句子通常会省略主语。一般来说，英语中一些不带“by”的短语，且含有情态动词的被动句，均可以译为汉语无主句。

综上所述，在翻译文学类文本中的被动句时，首先，应当充分了解原文的内容、逻辑关系以及相对应的社会背景和文化内涵，在此基础上选择恰当的翻译策略，从而使英语被动句的汉译更为通顺准确。一般来讲，如果句子中需要强调谓语动词和主语之间的关系时，可以转译为汉语被动句，如果需要强调谓语动词，可以译为有标志汉语被动句，而如果仅仅只是强调主语是谓语动词的受动者，则可译为无标志汉语被动句。其次，应当注意英汉语言的特点，一般来说，汉语中的主语是人，则可用主动语态来表示被动意义，但有时也需要根据实际情况，灵活地决定是否保留原句中的主语。再次，如果需要强调人或客观事物的状况，如性质、特点等，可以译为汉语判断句。最后，可以根据英语被动句是否含有不带“by”的短语和情态动词以及译为汉语被动句时是否需要强调施动者这两方面来判断能否译为汉语无主句。

总之，英语被动句的翻译策略并非一成不变的，需要在翻译实践的过程中，依据实际情况灵活采用。

二、并列结构句的翻译

（一）并列结构概述

1. 并列结构的定义和类型

并列结构由两个或者更多的并列成分联合而成。黄伯荣、廖序东将并列处理为联合的下位概念，认为联合短语由语法地位平等的两个或几个部分组成，其间的联合关系可细分为并列、递进、选择等关系。从英语语法学的角度看，并列结构就是把语法作用相同的句子成分放在同样的语法结构中。换句话说，如果两个或两个以上的词、短语或分句在句中的句法作用相同时，它们就是并列或平行的。

以是否使用连词表示并列关系为标志，可以将并列结构分为显性和隐性两类。例如，由 and 、or 、but 等连词连接的并列结构为显性结构，反之为隐性结构。此外，根据前后并列项的词性，可以把并列结构的构词分为并列名词、并列动词、并列代词、并列数词、并列副词、并列介词。

2. 英汉并列结构的差异

由于中西方文化和思维方式有所不同，其句型结构自然也会有所差异。关于英汉并列结构的差异，从句法和语义层面来看，汉语的并列结构呈隐性，且表达语义关系的方式要比英语丰富得多，英语呈显性，靠连词或标点符号来体现，语义表达方式较为单一。

学者王琳琳和蒋平从语序层面探讨了中英文并列结构的差异，指出中英文并列结构的语序除了已有的制约因素外，还受可及性、显著性、相似性、乐观原则、“我第一”/“自我中心”原则和礼貌原则这些因素的影响。

（二）并列结构的翻译对策

基于文化视角，深入分析并列结构翻译过程中发现的问题，着重讨论并列结构的翻译对策。

在翻译时，主要对原文进行直译。在确保信息对等的情况下，尽可能地实现与原文形式上的对等。根据比利时语用学家维索绪伦的语言顺应理论，又应该基于语言的三个特性作出灵活的选择，用最通顺、最自然的对等方式传达原文信息，即用译文读者的阅读习惯再现原文内容，具体在结构层面上表现为：词义顺应、句式顺应和语义顺应。

1. 词义顺应

词汇一般包括词和固定短语，构成了“语”的成分。词义即词的词汇意义。为了兼顾译文的简洁通顺，针对原文中的一些并列的词和短语，无须字对字直译，要根据上下文和目的语的文化背景和表达习惯，作出相应的调整与改变。在处理词义顺应的翻译问题时，依据结构顺应理论，可以使用省译法和合译法。

（1）省译法

省译即省略不符合译入语思维习惯、语言习惯和表达方式的词，包括无用词、意思重复词等，以避免译文累赘。这样并不损害原意，反而使得译文更加通顺明了。从词性角度而言，往往涉及省略冠词、代词、介词、连词、动词、名词；从修辞角度出发，又可分为两种情况：一是英语句中有些短语重复出现，英译汉时可以按情况作适当省略；二是根据汉语的表达习惯，译文中可以省略一些可有可无的词。英文中有些并列短语含有相同的物主代词，或是含有一些可有可无的表达，若直译的话表述啰唆，不符合汉语表达习惯。因此，为了使译文更加简洁，在不影响原文意思的前提下，可以采用省译法这一翻译策略。

（2）合译法

这里提到的合译法是指为避免表述啰唆，将两个或两个以上的单词压缩糅合在一起的翻译情况。当文中出现较多意思相近的并列形容词时，直译的话容易造成语义啰唆，故可以采用合译法。

2. 句式顺应

句式指的就是句子的结构形式。由于中西方文化环境和思维方式的不同，英汉两种语言在句式上存在较大差异。汉语重意合，句法结构呈竹状，短句较多；英语重形合，句法结构呈树状，以长句为主。要做到句式顺应，就要根据目的语的句式特征作出相应的调整与改变。在处理句式顺应的翻译问题时，依据结构顺应理论，可以使用合译法和分译法。

（1）合译法

合译是在确保如实转达原文含义的前提下，将原文的并列句、复合句等复杂句型压缩成简单句，或将语篇中两个独立句子合并成一个句子，以使译文更加紧凑、通俗易懂。句子的合译分为三种：一是简单句与简单句的合译，即把两个或两个以上的简单句合译为一个简单句或复合句；二是并列句的合译，即把一个并列句合译成一个简单句；三是把原文中的主从复合句译为一个简单句。当文中涉及多个并列定语从句时，直译的话可能会造成句式冗余，故可以采用合译法。

（2）分译法

分译即将原语中单词、介词、分词短语分离出来改译为独立的句子，或将包含诸多从句的长句拆分成若干短句。英语中长句较多，句式结构复杂。有时原文的一个词或短语很难照原样处理，有必要通过分译的方式，使译文更符合汉语的表达习惯。此外，一个句子里嵌套多个从句时，直译太啰唆，且翻译腔十足，有必要进行分译。

3. 语义顺应

语义指的就是语言所蕴含的意义。上文中的词义顺应主要从各词汇本身意义出发作出顺应性选择。这里提到的语义顺应是针对并列成分之间暗含的逻辑关系或并列成分中的部分或全部抽象名词直译不好处理的情况进行的。也就是说，为了增强并列成分之间的逻辑衔接性或使译文表达更通顺地道，需脱离形式上的对等而注重语义上的动态对等。在处理语义顺应的翻译问题时，依据结构顺应理论，可以采用转换法和增译法。

（1）转换法

转换法是指在翻译过程中为使译文符合目的语规范而涉及的两种语言形式转换的翻译策略。英国语言学家约翰·卡特福德（John Catford）认为翻译转换是源语与译语的偏离形式的对应。

中西方文化的差异导致了英汉两种语言在语法和表达方式等方面也是存在差异的，因此，在翻译时有必要改变表达方式，使译文通顺流畅、地道可读。转换的形式多种多样，卡特福德提出了层次转换和范畴转换两种形式。

范畴转换涉及语言结构、语言单位、词类和内部体系的转换。其中，词类转换是指为了使译文表达通顺自然，必要时转换原文中某些词的词类，如动词转为名词、动词转为形容词等。单位转换同样是为了保证译文符合译入语表达习惯而采取的一种变通手段。它涉及不同层级上的语言单位的转换，如词汇转为短语、从句转为句子等。尽管这与原文形式发生了偏离，但不影响原文意思的表达。一般情况下，文本总会涉及一些并列名词和短语以及并列形容词和短语，直译的话不符合汉语表述习惯，容易导致语义不清。因此，可以借助词类转换和单位转换来真实传达原文意思。

（2）增译法

杨晓燕认为增译是指根据英汉两种语言不同的思维习惯和表达方式，在翻译时增添一些并未超出原文信息的词、短语或句子，使语义表达更准确充实。为了实现语义的明晰化，需要适当增译词汇。

明晰化最先由维奈和达贝尔内提出的，他们认为明晰化指的就是“把原文本中暗含的信息根据语境判断出来，并清楚地展现在目标文本中的现象”。显然，明晰化本质上是一种将原文中某些隐含的信息在译文中明示出来的翻译过程。实现语义明晰化的一个重要手段就是借助衔接手段。

韩礼德与哈桑在《英语的衔接》一书中提出了词汇衔接和语法衔接两种手段。词汇衔接分为复现关系和搭配关系两大类。语法衔接具体分为指称、省略、替代和连接四种。其中，连接衔接可以表示加入、转折、原因和时间这四种逻辑关系。当然，语篇中并非所有的连接关系都要求有具体的连接成分，有些连接关系可以是隐含的。原文中有些并列成分之间暗含一定的逻辑关系，并与谓语部分构成某种逻辑关系。

在翻译并列结构时，需要适当增译一些成分，将其处理为连贯的一句话，同时根据前后逻辑关系在另一个句子前增译逻辑衔接词，使前后两句紧密衔接起来。此外，英语中某些并列分句之间蕴含着内在的逻辑关系，直译的话语义不明朗，需要适当地增加一些逻辑衔接词。

第二节　常见英语从句的翻译

一、名词性从句的翻译

由于中外文化背景和知识差异，可以发现英语名词性从句和汉语句子结构是有所不同的。英语名词性从句种类多样，常与主句或其他从句相互嵌套、并联使用，使得英语句子整体性较强，逻辑严密，一句话中的信息量非常大，往往会给中文读者带来很大的阅读障碍。汉语句子结构分散、短句推动、简明扼要，句子衔接自然顺畅，与英文有较大的差异。

多数时候，翻译名词性从句时，译者较多选用顺序译法，一般按照原文成分的顺序译出。译者需要根据两种语言的本质特征，合理改变各成分的表达顺序，令译文更符合目标语读者的语篇构造方式，使得译文读起来更加流畅、自然。

名词性从句种类多样，看似简单，实则经常会在文中相互嵌套或并联使用，使得句子冗长复杂，难以理解。为使译文符合逻辑关系，兼具准确性和可读性，应根据具体案例采取不同的翻译策略。此类从句共有四种，故这里将举例对这四种句型加以解释。

第一种为主语从句。在主语从句中，以 it 充当形式主语的主语从句较为常见。同时，it 的处理也是此类从句翻译的难点。翻译时可根据语义调整语序，并且要注意 it 的处理。

【示例】It is an open question why the authorities allowed these critics to prevail.

当局为什么允许这些批评者占上风？这个问题还有待商榷。

第二种为宾语从句。汉译时，一般无须改变原句的顺序，可进行顺译。

【示例】My interviews with the creators of the opening ceremony showed that the team was well aware of the challenges that negative press abroad posed to their PR strategy.

我对开幕式的发起人进行了采访，结果表明，他们团队很清楚国外的那些负面新闻对他们的公关策略构成了一定的挑战。

【示例】The word mapped onto the 5th element does not mean that it is more important than the word mapped onto the 137th element, and vice versa.

也就是说，该词与第五个元素相对应，并不意味着，它比与第 137 个元素相对应的词更重要，反之亦然。

第三种为表语从句。翻译表语从句时，可根据汉语逻辑，灵活处理，一般采用顺序译法，也可采用逆序译法。

【示例】The main reason that speech is used as a device input is that the ASR recognition accuracy based on the deep learning approaches has improved considerably in recent years.

将语音作为设备输入的主要原因是，近年来，以深度学习法为基础，语音自动识别的精度有了很大的提高。

【示例】What is important is that the order should be consistent throughout all training and test instances.

重要的是，在所有训练和测试实例中，命令应始终保持一致。

第四种为同位语从句，用以阐释某一名词的详细信息。此类从句的位置一般在某些名词之后，如 question、promise、belief 等。翻译同位语从句时，可根据具体案例选择顺译、分译或合译等方法。如有需要，可省译 that。

【示例】Creatively working within the international regulations of the BIE, the local organizers clustered pavilions together according to geopolitical regions, creating the impression that walking across the Expo territory in Pudong was indeed like traveling the world.

此外，世博会还通过场地的建筑和地理布局传播话语，组织者也利用他们的能力来制定规则。当地的组织者在国际展览局的规则下创造性地工作，按照地缘政治区域将各展馆聚集在一起，创造了一种走在浦东的世博园区就像在环游世界一样的印象。

【示例】The official exhibits already created fragmented discourses full of ambiguities, but once we turn to the full range of messages that the various national pavilions constructed, arguments about a hegemonic discourse quickly clash with the impression that diverse actors were each programming the complex networked discourses of the event according to their own values.

官方展览的话语表述虽然支离破碎、模棱两可，但是一旦我们了解各国展馆全方位的信息，很快就会发现，这些讨论霸权话语的观点，与各方一直根据自己的价值观对活动编写复杂网络话语的印象相悖。

二、定语从句的翻译

（一）英语定语从句的定义及分类

语言学家对定语从句有不同的定义。哈特曼（R.R.K.Hartmann）和斯托克（F.C.Stork）认为，定语从句是由关系代词或副词连接起来的从属分句。安德鲁斯（Andrews）对定语从句的定义对所有语言均适用，他将定语从句定义为一个修饰其本身以外所有句子成分的从属分句，该从属分句与被修饰成分在语义上保持一致。安德鲁斯称被修饰的成分为中心词，称语义等同的从属分句为定语从句。

章振邦认为，英语定语从句是由关系词引导的从句。他将英语定语从句分为限制性定语从句和非限制性定语从句。他认为，限制性关系从句提供有关先行词的基本信息，构成了先行词这个名词短语的一个组成部分，没有限制性定语从句，先行词就不能被识别为特定的对象。非限制性定语从句不限制先行词所指的意义，如果去掉非限制性定语从句，先行词还是指同一个人或事物。

英语教学界的泰斗张道真将英语定语从句分成两类：限制性定语从句和并列定语从句。限制性定语从句是由关系代词或关系副词引起的从句，该从句修饰它前面的名词；并列定语从句和限制性定语从句不同，是起说明作用的，必须跟在主语或它们“修饰”的任何名词后面。

英语教学中通常将英语定语从句分为限制性定语从句和非限制性定语从句。限制性定语从句限制或帮助定义主句的意义，如果把它去掉，句子意思就会不清楚，甚至失去意义；非限制性定语从句是对先行词的附加说明，即使去掉，对表达意义也几乎没有影响，句子依然完整，通常用明显的逗号把从句与主语分开。限制性定语从句限定制约被修饰的先行词，使先行词的意义更明确具体，关联词与先行词之间密不可分。如果省去限制性定语从句，那么句意就无法被完全准确地表达。如想要准确表达整个句子的意义，限制性定语从句不可或缺。

非限制性定语从句对主句起到一个补充说明的作用，可以修饰某个词，也可以修饰整个句子或句子的某一部分。非限制性定语从句非常灵活，叶子南教授认为，非限制性定语从句较之限制性定语从句结构松散，对位置的要求不高，就算缺少非限制性定语从句也不会影响对整个句子的理解。

（二）英语定语从句的研究分析

这里主要从国外和国内两个方面阐述英语定语从句的研究现状及发展趋势。有关英语定语从句的研究在国外起步较早，且关于英语定语从句学习的理论几乎一脉相承。最早的研究者是语言学家沙赫特（Schachter），之后的研究者有的支持他的理论，有的质疑他的理论，有的在他的理论基础上提出更有影响力的理论。国内学界对英语定语从句习得的研究晚于国外学界，多聚焦英语定语从句的习得理论以及相关理论验证。具体阐述如下：

1. 英语定语从句国外研究分析

国外学界对于英语定语从句的研究起步较早，始于 20 世纪 50 年代，但大多研究者把定语从句视为一种句法现象，未曾单独探讨。

20 世纪 50 年代到 20 世纪 70 年代中期是国外英语定语从句研究的萌芽期。1977 年至 2000 年是英语定语从句研究的成长期，研究者陆续发现了学习者习得英语定语从句的差异、结构一致性假设（Structural Conformity Hypothesis），名词短语可及性层级假设（Noun Phrase Accessibility Hierarchy）。进入 21 世纪后，英语定语从句研究进入快速发展期，在 ProQuest、Amazon、Cambridge Journal、Oxford Journals 等权威数据库中以 Attributive Clause 和 Relative Clause 为关键词，共检索到图书 76 本，论文 2100 多篇。

总体来说，国外对定语从句理论的研究大体主要聚焦如下几个方面：英语定语从句的避免使用理论、英语定语从句的产出验证标记性差异假设、英语定语从句的可及性层级假设。此外还有关于英语定语从句习得的研究。

（1）围绕避免使用理论开展英语定语从句的研究

沙赫特提出了避免使用理论，他在实验中发现语言学习者在学习初期往往会避免使用二语和母语有较大差异的语言结构。沙赫特研究的是阿拉伯、波斯、中国及日本的学习者。在研究中，沙赫特发现虽然在汉语和日语中并不存在定语从句，但通过比较两组被试者所犯的错误，中国及日本的学习者相较于波斯和阿拉伯的学习者，其测试中出现错误更少。这并不意味着中国和日本学习者对定语从句的掌握更好，原因在于中国和日本的学习者极少使用定语从句。所以，沙赫特提出了避免使用理论，指出不以英语为母语的学习者在学习的过程中会因为目的语和母语结构的不同而出现逃避使用目的语结构的情况。沙赫特还认为，如果学生发现目标语言中的某种特定结构难以理解，他很可能会尽量避免产生这种特定结构。因为学生在输出中缺乏这种特定结构的错误，教师很有可能认为，自己在教授给学生这个特定结构时做得很好，以至于学生在掌握这个结构时没有出现任何问题。事实上，学生们在输出这种特定结构时遇到了很多问题，预测到输出这种特定结构时会出现错误，因此拒绝输出这种特定结构。

克莱曼（Kleinman）通过研究两组学习者中（以阿拉伯语为母语的学习者和以西班牙语和葡萄牙语为母语的学习者）二语习得的过程验证避免使用理论。该研究还调查了两组学习者避免使用各种英语语法结构的可预测性。此外，有一些目标结构的使用频率与情感变量相关。研究结果表明，在确定第二语言学习者的行为时，语言和心理变量的交叉点可能会根据语言的情感状态产生，否则这些结构可能会被学习者避免。

（2）围绕标记差异假设开展英语定语从句的研究

埃克曼（Eckman）质疑沙赫特的观点，他发现汉语学习者比日语学习者在学习英语时遇到的困难多，但比波斯语和阿拉伯语学习者遇到的困难少。埃克曼发现波斯语和阿拉伯语学习者遇到的困难最多，汉语学习者次之，日语学习者学习英语遇到的困难最少。埃克曼认为，影响学习者习得第二语言程度的因素除了习得者的母语外，还有习得者母语和第二语言之间的标记性。

语言学家加斯（Gass）的实验要求被试输出英语定语从句，在被试输出英语定语从句的过程中发现被试往往回避标记结构，倾向选择标记程度低的结构。

（3）围绕名词短语可及性等级开展英语定语从句的研究

基南（Keenan）和科姆里（Comrie）提出“名词短语可及性等级（Noun Phrase Accessibility Hierarchy）”，根据英语定语从句关系词的语法角色，将关系词分为6种类型，并按可及性顺序排列：主语（SU）＞直接宾语（DO）＞间接宾语（IO）＞介词宾语（OPERP）＞从属关系（GEN）＞比较宾语（COMOP）（＞指的是比……可及性更大/更易于关系化）。

基于上述研究成果，有学者通过研究学习语境对学习者的影响，进一步验证了名词性短语可及性等级假设。该学者将被试分成两组，第一组由48名正式学习者组成，第二组由38名非正式学习者组成。

第一组被试由48名正在学习英语的意大利高中生组成，学习英语的时间平均为4年。这一组所有的受试者都会说标准的意大利语。48名意大利高中生就读的学校是一所学术型高中，教师常常进行语法教学。因此，通过对英国文学的研究以及广泛的、大量的书面语言输入，第一组的48名正式学习者大量接触正式英语教学。

第二组被试由爱丁堡的38名意大利工人组成，这一组的受试者都只接受过很少的正式英语教学，或者根本没有接受过正式的英语教学。第二组的受试者是在工作和娱乐时自然地接触到了英语，他们很少与在英国说其他外语的人有直接接触。因此，他们的社会和工作语言环境主要是意大利语和英语的结合，以意大利语为主。第二组受试者在英国的平均停留时长是6年。考虑到第二组受试者职业的不稳定性以及他们普遍较低的教育水平，该学者认为，第二组受试者接触到正式英语教学的机会相当有限。

研究结果表明，正式学习者和非正式学习者的表现均与名词短语可及性等级假设顺序一致，但是正式学习者比非正式学习者产生了更多的标记形式。此外，当英语定语从句尚未正确形成时，正式学习者与非正式学习者所使用的策略类型也有所不同。该学者认为，正式学习者比非正式学习者表现得更好的原因，是因为他们得到了足够多具有标记性结构的输入。

此外，还有研究者从各类英语定语从句使用频率的角度验证可及性层级假设。高岛谦一（Ken-ichi Takashima）的研究证实了日本高中生和大学生对英语定语从句的难度顺序与书面数据语料库（the Nijmegen Corpus）中的频率计数顺序相对应。高岛谦一的研究还证实了先前研究者对英语定语从句的频率顺序和感知难度级别的发现，即 OS > SS > OO > SO。

高岛谦一认为，验证名词短语可及性等级假设非常重要。从学习者的视角看，名词短语可及性等级假设可以解释为何一个结构的可及性难度越大，学习者输出它的频率就会越小。从教师的角度来看，名词短语可及性等级假设为按语法结构的难度合理分配教学时间提供了依据。从教科书编写的角度来看，因为教科书是日本高中生和大学生学习英语的主要学习资源，则应仔细编写英语教科书，按照名词短语可及性等级假设对要学习的结构或语法项目进行排序。

此外，高岛谦一的研究结果还表明，日本高中生和大学生对英语定语从句关系代词位置的困难的感知不仅与书面语料库中的频率计数相匹配，而且与小学生的口语生产计数相匹配。日本高中生和大学生对英语定语从句难度的相对顺序与日本目前使用的各种政府批准的英语教科书中关系代词的出现顺序形成了对比。

（4）习得因素也是英语定语从句习得研究的主要方向

加斯通过一组实验（包括句子组合、语法判断测试和写作）测试来自 9 个国家的 17 名被试，发现英语学习者在习得定语从句的过程中，有明显的母语迁移现象。此外，在加斯的研究中，学习者定语从句的习得层级也符合名词短语可及性层级假设，这也进一步证实了该假设预测的层级。加斯在研究中还提到很多原因都能影响到英语定语从句的习得，例如，学习者的母语和目标语之间的差异、定语从句自身结构原因等。

语言学家弗林（Flynn）认为，由于英语属于右分支结构的中心语前置语言，如果学习者的母语也属于中心语前置语言，那么相对而言，母语同样是中心语前置语言的学习者对英语定语从句的习得就会比母语是中心语后置结构的学习者习得难度低，这是因为学习者母语是否属于和英语相同的右分支结构对习得英语定语从句具有直接影响。此外，他还发现正式的课堂语言教学也影响着学习者习得英语定语从句。

道蒂（Doughty）的实验设置两个测试组和一个参照组，研究结果表明，学习者能够通过系统的课堂语言教学增强学习效果，建议重视提高系统的教学过程。他在另一个实验中选取的研究对象是 20 名国际学生（10 名男性，10 名女性），这 20 名国际学生均在美国费城的一所英语学院学习英语，都处于英语学习的中等水平。他在实验中将 20 名被试分成测试组和对照组，实验结果表明，有指导、有帮助的英语教学更能帮助第二语言习得者习得英语定语从句。

2. 英语定语从句国内研究分析

国内有关英语定语从句的研究比国外起步晚，始于20世纪90年代，之后十年是国内英语定语从句研究的萌芽期，最有影响力的研究是陈月红发表的《中国学生对英语关系从句的习得》。2000年至2010年，随着英语定语从句国外理论研究的传入，国内学术界对于英语定语从句习得的研究愈加繁荣。2011年，国内对定语从句的研究进入集中爆发阶段，这一英语定语从句习得研究热潮一直持续到2019年左右，据相关学者统计，这九年间可追溯到的英语定语从句习得研究论文及专著多达309篇，研究主题大多集中在外置结构可教性、可及性层级假设、感知难易度假设等各种理论角度。在实验研究方面，往往采用多种测试方法对中国学生英语定语从句的理解和产出情况进行检验，检验结果在一定程度上支持一种或多种理论假设。从2000年到现在，国内学界对于英语定语从句的研究大致体现在以下几个方面：

（1）围绕英语定语从句结构的研究

戴曼纯和高海英研究英语限制性定语从句及关系外置结构的生成与推导过程，在取消右向附加的框架下分析了限制性定语从句的推导及“外置”现象。

此外，戴曼纯和高海英通过研究中国学生英语关系从句外置结构的习得过程探讨显性教学与隐性教学在英语定语从句语法教学中的运用。研究对象是高中二年级和大学英语专业二年级共145名学生。研究设置三个测试组，中低英语水平组、中级英语水平组和高级英语水平组。中低英语水平组的被试是84名高中二年级的学生，已学习完英语限制性定语从句，但未曾接触过任何形式的英语定语从句外置结构输入。中级英语水平组的被试是30名大学英语专业二年级的学生，既学习过各种类型的英语定语从句，又接触过外置结构的输入。高级英语水平组的被试是31名英语专业四年级成绩优异的学生，他们同时也已较广泛地接触过英语定语从句输入及其外置结构。研究结果显示：第一，中低水平的英语学习者对英语定语从句外置结构的掌握十分有限；第二，在英语定语从句的教学过程中使用显性教学可以提高学习者的注意力，达到增强语法知识的目的，学习者学习到的语言知识维持时间大于五周；第三，在英语定语从句的教学过程中使用显性教学能帮助学习者发展其语言知识，促进中介语向目标语言发展，但前提条件是学习者必须处于学习目标结构的准备状态。

刘金路和刘海涛基于句法树库研究英语定语从句挂靠偏向，研究的理论支撑是法国语言学家吕西安·泰尼埃（Lucien Tesnière）提出的依存语法理论。研究构建了四个句法依存树库，并计算四个句法依存树库中每个复合句的平均依存距离。

（2）围绕英语定语从句习得假设的研究

肖云南和吕杰研究发现：当学习者习得结构更加复杂的英语定语从句时，他们会加以特别关注，对结构更加复杂的英语定语从句进行重新处理以提高习得准确性。研究结果表明，英语定语从句的加工难度受以下四个因素影响：一是英语定语从句结构的复杂性，二是人类工作记忆能力的局限性，三是典型的SVC词序在句子理解过程中的重要作用，四是句子中新旧信息的分布规律。这四个因素对英语定语从句加工难度的制约作用不同，彼此之间存在竞争关系。

戴运财教授等通过调查中级水平学习者和中低级水平学习者习得英语定语从句的情况，检验英语定语从句习得的理论假设。

叶彩燕教授和马诗帆教授通过实验，进一步印证了名词短语可及性等级假设。他们通过研究中国学习者在习得英语定语从句中出现的中介语和汉语的相关性，来验证名词短语可及性等级假设。他们发现英语定语从句中作主语的关系词比作直接宾语的关系词的可及性更大，英语定语从句中作直接宾语的关系词比作间接宾语的关系词可及性更大，照此类推。这意味着，如果一种语言允许对一种语法关系进行相对化，它必须允许对层次结构更高的所有关系进行相对化。语言在允许相对化的层次结构下存在很大差异。他们认为，名词短语可及性等级假设适用于各种语言，由此他们进一步提出假设：第二语言学习者的中介语也受制于名词短语可及性等级假设的可能性，并且他们认为，这代表了中国学习者习得英语定语从句的难度等级。

国内学界对英语定语从句的理论研究基本上是在回顾国外研究的基础上，结合实证研究，对现有英语定语从句的理论假设进行重新验证或补充。唐正大的研究将英语定语从句与语序习得相结合，在国内理论研究上取得了一些突破。研究提出三条原则：一是要尽早确认主语核心，二是宾语核心紧靠动词，三是定语从句结构和主句结构要有所不同。成果利用这三条原则来解释一些和关系化有关的语序分布和句法特点，例如，解释为何名词短语可及性序列的适用范围不包括英语定语从句的结构等。

（3）围绕英语定语从句习得的影响因素研究

陈月红对一组英语水平较高的学习者采用语法判断测试，检验了他们在定语从句习得过程中是否能够成功设定疑问词移位参数（wh-movement parameter）。得到的结果是完全否定的。究其原因是母语的干扰和迁移影响。陈月红的研究中提到了汉语学习者在英语定语从句中回避使用的从句类型包括直接宾语类和介词宾语类（OPREP）。

林德华采用定量和定性相结合的语料库方法，用 Conc App 检索工具对中国学习者英语语料库（CLEC）中包括英语定语从句在内的从句错误进行了讨论。研究发现三种类型的英语定语从句错误。该学者认为，导致这些错误的可能原因是母语负迁移、英语语内迁移和学习者对从句规则没有完全掌握。中国学习者在运用英语定语从句时出现的错误反映了中介语的不完备性、系统性和不稳定性。

花爱萍通过测试任务检验了名词短语可及性层级假设、感知难度假设和主语—宾语层级假设，从而考察中国学习者对英语定语从句的习得和产出情况。

蔡金亭和吴一安的研究结果表明，不同的测试任务对学习者习得英语定语从句有显著影响。测试任务按习得准确率从高到低分别是：句子解释、汉译英、句子合成、语法判断。研究还发现关系代词的标记性和中心名词的成分共同影响英语定语从句的可及性程度。

姜艳艳对 84 名已完成两年正式大学英语学习的非英语专业学生进行研究，探求汉语社会环境下非英语专业学生英语定语从句的磨蚀情况。研究利用英语定语从句测试题测试被试对于英语定语从句的保持情况。研究共发放两次调查问卷和英语定语从句测试题，第一次发放时间处于学期中，第二次发放时间是 84 名被试学生刚刚结束寒假返回学校的第二天。研究结果表明：第一，经过寒假，被试整体上出现英语定语从句知识磨蚀现象；第二，限制性定语从句和非限制性定语从句知识均产生磨蚀现象；第三，磨蚀与英语定语从句本身有关；第四，关系词的多样性和句子结构的复杂性是磨蚀现象发生的决定性因素；第五，无论是高水平组还是低水平组，均在寒假结束后出现了英语定语从句知识磨蚀现象。这说明两组被试的英语水平仍未达到完全掌握英语知识的关键阈值水平，未达到目标语水平。

丁彧藻和陈保亚研究英语多重递归定语从句的分布和限制。研究认为，处在高层级和低层级均是末尾嵌套的英语定语从句分布远远多于处在高层级是末尾嵌套的英语定语从句和处在低层级是中心嵌套的英语定语从句。处在高层级和低层级均是末尾嵌套的英语定语从句占英语多重递归英语定语从句结构总数的88.1%。研究结果表明，英语多重递归定语从句递归的生成能力受到包括英语定语从句句子结构在内的多种因素限制。

经过对定语从句相关研究的国内外学术史的梳理，有关学者对定语从句在教学研究中的主要经验和方法进行了相应的总结，即：埃克曼等人通过教学实验验证了定语从句可及性层级假设，发现定语从句的可及性顺序同样也是学习者学习定语从句的习得顺序。

邓跃平的研究提出运用翻译法教学英语定语从句，认为限制性定语从句和非限制性定语从句使用的翻译方法不同，应当分开来讨论。限制性定语从句无论长短，都应该翻译为前置定语，位于先行词之前。非限制性定语从句则不可译为前置定语。

王相锋和程良研究任务型教学法在英语定语从句教学中的运用。研究对比了传统的英语定语从句教学法和任务型教学理念下的英语定语从句教学法，展示了运用任务型教学法开展英语定语从句教学的实例。

（三）英语定语从句的翻译策略

基于中西方文化差异视角，英语定语从句的翻译策略分析如下：

1. 句子拆分与衔接

句子拆分又称断句或句切分，是指“在翻译时将英语句子，按适当的意群或概念单位进行切割处理并译成汉语”。琼斯认为，句子拆分策略在处理英语中的复杂从属句式时十分有效，译者可通过句子拆分，快速理顺句子结构和源语表达逻辑。定语从句是英语中十分常见的复杂句式，因而在翻译过程中译者也常常使用句子切分的方法。

通常情况下，意群是句子切分的单位。句子可以被看成是由各个意群构成的。意群是指具有相对独立意义的词组和短语。按照意群切分可以使译者的译语保持相对完整，不产生句意上的误会。这也符合翻译中的首要原则，即完整忠实地传达源语的含义。在翻译实践中，句子切分的单位除了要求意义相对独立外，还要求意义单位长度适中。

在定语从句的翻译实践中，如果没有进行恰当的断句切分会导致翻译质量难以得到保证。所以，句子切分是译者必学的翻译技巧。

在定语从句翻译中，句子切分通常以关系词为界限进行切分，按照源语语序，将从句部分当作独立的意义单位译出为分句或完整句。句子切分常用来处理表语型关系从句、宾语型关系从句、同位语型关系从句。这些句子的从句部分一般较长，且负载信息较多。

句子拆分的方法在翻译中可以使译者将复杂句简单化，有利于译者迅速将其转换成译入语，在翻译过程中能够有效减轻生成负荷，减少译者在双语转换上的负担和压力，从而可以在一定程度上减少源语对译者生成负荷的要求，节省译者注意力资源，保证翻译的质量。但是，译者运用句子拆分策略的同时，会破坏译语整体的逻辑结构，译者在处理分节的信息时，容易造成译语句子结构支离破碎、前后不连贯、逻辑不清、指代歧义等问题，难以全面准确地传达原文的内容和文化内涵。这也是英汉双语在句子逻辑衔接方面的差异导致的。

英语中关系代词、关系副词、介词、从属连词等点明了英语句内的逻辑关系。汉语中此类虚词并不常见，尤其在表示定语结构方面。故而在使用句子切分法时，如何进行主从句的合理衔接，使译文能够符合译入语的表达习惯也是句子切分策略中十分重要的一环。在定语从句的翻译实践中，句子切分后的衔接主要有四种类型，分别为：自然衔接、重复衔接、代词衔接和逻辑词衔接。

自然衔接是指译者在句子切分过后，直接翻译从句的其他部分，省略翻译关系词，借助前后句间的语义联系进行自然连接。这是英汉双语特点决定的，在翻译实践中省略一些不必要的连词结构，借助词汇短语本身具有的意义进行连接，突显了汉语中“意合”的特点，符合汉语读者的语言习惯。自然衔接还可以节省译者翻译转换的时间和精力，以便更好地完成下一片段的文字翻译。这种衔接方法会在一定程度上削弱句子间的逻辑关系，所以译者需要在主从句逻辑关系较为紧密和先行词含义明确的情况下使用，如先行词在源语中多次出现或有意义相近的词汇出现等。

借助汉语“意合”的特点进行自然衔接不能适用于所有拆分过后的定语从句，在很多情况下，先行词与从句中各结构的联系不是十分紧密，其准确含义也不明晰，如果只借助词语原有含义进行衔接会造成译语逻辑不缜密，给读者造成理解困难。所以运用一些其他的衔接手段连接前后句是很有必要的。重复衔接的方法就是其中使用频率较高的衔接手段。

重复衔接是指将定语从句切分过后，将先行词在主句和从句中重复译出，以便增强主句译文和从句译文的逻辑性和关联性。因为英语中定语从句的先行词一般在主句和从句中都承担部分句子结构并表达一定意义。所以定语从句切分过后，主从句中存在重合的语义，也就是先行词所表达的语义。

在译者面临巨大认知压力的情况下，重复衔接可以帮助译者快速有效地建立两个独立句之间的语义联系，完成翻译转换。因为相同的词汇不会消耗译者的额外精力，所以在定语从句衔接转换时，译者的认知压力不会再增加。此方法可应用于大部分先行词含义简单的名词型关系从句中，包括宾语型、表语型、同位语型。

代词衔接也是译者经常使用的句子衔接方法。因为先行词的语义是连接主从句的关键，所以除了重复翻译先行词的方法外，也可以通过灵活使用各类代词，指代前文先行词的含义进行合理衔接。这种方法适用于绝大多数较为复杂的定语从句，包括名词型和句子型。

在定语从句翻译中，使用代词指代主要是指将主从句切分过后，译者使用代词指代先行词充当从句中的主语成分，这样可以避免汉语译文中出现有歧义的句子，从而使从句译语更加完整流畅，逻辑鲜明，以达到易于读者理解的目的。汉语中代词使用频率高且适用范围广，所以代词通常不会增加译者额外的认知负担。一般情况下，译者使用人称代词和指示代词居多。由于重复衔接和代词衔接所起到的作用相似，故而在绝大多数名词型关系从句中可以替换使用。此外，译者处理先行词在从句中充当主语的句子型定语从句中也可以使用代词指代。

除了省略关系词、重复先行词和运用代词外，增添逻辑衔接词也是定语从句翻译中可以使用的衔接技巧。增添逻辑衔接词是指在翻译过程中根据译入语语法和意义上的需要适当增加一些词汇，使译者可以更准确地传达译文的表达意图。这些词汇类型多样且位置灵活，有助于译者按源语语序生成地道译语。

在定语从句的翻译实践中，增添的衔接词主要为表示因果、条件、目的等意义的关联词汇，如“因为”“所以”“如果”“以便”等。因为定语从句从语义功能上看不仅负担定语修饰类功能，有时还承担状语类的功能。所以，在遇到表达状语意义的定语从句时，在句子切分过后，及时增添逻辑连词以保证后续信息的流畅译出是十分重要的。此技巧的运用需要译者有较强的逻辑思考能力，在翻译过程中，选择出合适的关联词汇。此外，除了逻辑关联词外，译者在处理定语从句时，也可以增添一些其他衔接词，如语气助词、程度副词等，以便服务于翻译实践的总目标，使译语更为自然、地道，易于被读者理解。

2. 语序重组法

逻辑常常是隐含在语言和文化背后的东西，译者需透过文字表面，把握语言的逻辑内涵。在翻译的过程中，不仅仅要翻译出每个意义单元，还要通过单元联系整体，必要时要重组原句，使翻译更具逻辑性。“有些英语句子单纯地使用顺序法、调整顺序法或者分译法都有困难，这就要求我们综合考虑对复杂从句的处理方法，仔细推敲，兼顾上下文关系，按时间先后或按逻辑顺序，主次分明地对全句进行综合处理，把英语原文翻译成通顺、忠实的汉语句子。”

一些文本中存在英语句子结构复杂、包含多层逻辑关系的情况，这种句子的复杂逻辑导致译者很难译出流畅通顺、地道自然的译文。因此，可以将原文的语序重新组合，理顺原文逻辑关系，让读者充分理解，解决了定语从句中存在多层嵌套的问题，确保译文的流畅自然。

3. 融合法

英汉语序差异使译者在翻译定语从句时需要更多的思考，这就意味着译者大脑在转换定语从句时需要投入更多的精力，处理更大的生成负荷。生成负荷的增加容易造成译者认知负荷总量超载或译者注意力分配不合理，从而导致译者出现各种翻译问题，不能传达原文的表达意图等问题。所以，为了最大限度地降低所需处理的生成负荷，译者可运用翻译技巧按照原有语序处理定语从句。

通过句子切分的方法可以保持原有语序，在一定程度上减少译者生成负荷，但随后进行衔接时也很有可能造成一定程度上的译语冗余，从而给译者带来更大的翻译压力。如若从句较为简单，句子切分的方法将会颇为有效。在从句较为复杂的情况下，一味地切分句子也不是译者最好的选择。此外，太多的句子切分会使译语句子结构过于松散，容易造成读者感受欠佳。在翻译中处理定语从句时，除了进行句子切分外，还可以采用融合法进行转换。

融合法是指把定语从句和主句部分融合在一起译成一个独立的句子。一般情况下，译者在使用融合法处理定语从句时，会省略翻译关系词的步骤，并且按照英语的原有语序进行翻译。这使译者不需要大幅度调整语序，节省了斟酌语序结构的精力。而且省略翻译关系词通常会使译文更加简洁，更有利于读者理解。所以，融合法有利于译者在翻译过程中合理分配精力，也有利于其保持良好的情绪和心态，稳定工作节奏，保障翻译质量。

在翻译实践中，融合法可以分为两种表现形式：第一种是与先行词进行融合，形成译语中的主谓结构；第二种是与整个主句进行融合，将主句部分和从句部分共同翻译成完整的句子结构。此方法常常用来处理先行词意义明确的主语型定语从句。在此类定语从句中，主句中主语位置相对靠前，而传达主要意思的谓语部分相对靠后。也就是说，在翻译实践中，译者率先看到的是主句的主语，之后为定语从句，最后为主句的谓语等部分。可以说，融合法也是定语从句翻译中重要的翻译策略。

与主句融合主要是指将定语从句部分与整个主句融合在一起形成完整的句子，整个主句部分缩译成译语中的主语部分。此类方法通常可以用于一些主句较为简单的定语从句中。例如，“This+be+NP+relative clause…”“there+be+NP+relative clause…”这两种结构是英语中特殊的句式，This/there 并无实际的语义，主句部分很容易就可以整合成名词短语。所以遇到此类句式时，译者可以采取融合法进行处理。

三、状语从句的翻译

状语从句即副词性从句，在句中起副词作用，用来修饰谓语、定语等句子成分。按其分类，也可分为时间、地点、原因、结果、条件、让步等从句。由于中西方文化与思维有所不同，状语从句的翻译难点主要集中在英汉语言的差异性上。汉语一般是先论述再说明重点，而英语是先说重点再论述。因此，汉语句子中的状语一般在前，而英语句子中的状语位置则可前可后，比较灵活。

在状语从句的翻译中要根据不同的情况采取合适的翻译方法，不能完全按照英语的语序及用词习惯进行翻译，要结合汉语语言特点以及中文读者的阅读理解习惯对原文进行调整，去除翻译中遇到的“翻译腔”等语言问题。在一些文学作品中，在状语从句中会出现逻辑关系复杂、中心语后置结构冗长、关联词功能多样等翻译难点。对于这些问题，可分别采用逻辑显化法、结构换序法、从句转换法来处理。

（一）逻辑显化法

学者连淑能指出，所谓形合，指的是句中的词语或分句之间用语言形式手段连接起来，表达语法意义和逻辑关系。所谓意合，指的是词语之间不用语言形式手段连接，句中的语法意义和逻辑关系通过词语或分句的含义表达。

状语从句隐含着因果、转折和让步等逻辑关系，有时在连接上下语篇时还具有多重作用。为了更好地还原原文的逻辑层次，翻译时需要显化其中包含的隐性逻辑关联。

（二）结构换序法

原句中较长的修饰语位于句子中间或句末，在单独译为一句或多句时需把它移到句首或改变原来语序。由于英汉两种语言的状语、定语等成分在语句中的顺序不同，为使译文符合汉语读者的表达习惯和思维方式，应对句子语序进行调整，确保译文地道、自然。

（三）从句转换法

能够起到分句关联作用的词汇手段主要有连词和副词，还有个别的后置助词，这些词可统称为关联词语。在翻译过程中，为了准确理解原文，应该同时考虑原文的文化环境和上下文语境，以避免误解原文逻辑以及缺乏语境意识等情况的出现。

一般来讲，关联词经常会在其主要职能，也就是语法结构上的功能的基础上，附带其他的功能，如语义间的关联等。因此，可以考虑采用从句转换法来对这种特殊情况进行处理。

第三节　英语长难句的翻译

一、长难句的定义和特点

（一）长难句的定义

不少学者都对长难句进行过研究，但都没有一个准确的定义。有学者总结，英语中的句子可以分为几种情况，具体如表 5–2 所示。

表 5–2　英语中的句子分类

句子	短小	句子中只包含一套基本的主、谓等句子成分
	长而不难	句子中含有一些并列成分或短语结构等，但句子成分和结构简单，除主谓宾等基本句子成分之外，使用的附加成分不超过 2 个
	难而不长	句子长度并不长，但含有一些复杂的术语等
	长且难	句子不仅长，并且句子中含有一系列附加成分，或各结构套用

“长”是从句子的字数层面得出的结论，“难”是从句子的理解层面得出的结论。总结来讲，可以将长难句定义为：一个句子，如果使用同位语成分、插入语结构、倒装语序、省略、并列成分、形容词性从句、名词性从句、副词性从句、非谓语结构等其中 2 项以上的附加成分，且超过 20 个单词，则可将这类句子称为长难句。

这些附加成分的使用确保了语言的严谨性和逻辑的紧凑性，但同时也使信息变得密集化，造成理解困难。

（二）长难句的特点

长难句往往含有许多修饰、限定和附加成分，主要包括修饰性短语和从句，并且含有倒装、强调等结构。长句通常分为两类，即由于并列成分多引起的长句和由从句多引起的长句。为了合理地安排长句的层次、规范地确定词序、恰当地强调有关成分，必然要采取一些特殊的语法手段，如强调、倒装、省略、合并等。这就使得文学类英语的句子比较复杂、不易辨认、不易理解。因此，一般来说，长句就意味着难句（难理解和难翻译）。在翻译实践中，要啃掉长难句这块“硬骨头”，就要明确长难句常见的几个特点。

1. 复杂成分

译者在翻译过程中，遇到一些英文句子长且结构复杂的句子，尤其是并列结构和复合结构同时存在，以及常见的三大类从句（定语从句、状语从句和名词性从句）的混合存在，给整个翻译过程增加了难度。

此外，一些非谓语动词的用法也多种多样，由于从句既可以充当句子成分，同时也是一个完整的句子，其中甚至有可能又包含一个或多个从句，这使得长难句句子分析与翻译任务的难度大大增加。

2. 分隔结构

在英语中，出于对句型结构或行文灵活性的考虑，作者会把两个原本相连或含义相近的词语或句子分隔，这种语法现象叫作分隔结构。分隔结构主要有以下几种情况：名词与其修饰语的分隔，主语与谓语的分隔，谓语与宾语的分隔，搭配之间的分隔，插入语导致的分隔等。

在长难句分析翻译时，要特别注意对分隔结构的处理。根据不同情况，译者需要从句子的结构和语义两个方面来进行综合考虑。

3. 倒装结构

在英语中，倒装句很常见。通常情况下，人们为了强调句子某个部分或者考虑句子结构，往往将被强调的部分放在句首，同时把全部或者部分谓语放在主语的前面，这就是倒装结构。在英语中，倒装句分为全部倒装和部分倒装。由于长难句本身修饰语较多，如果句中出现倒装结构，无疑会增加翻译难度。

4. 省略用法

省略是用词项空缺的方式达到上下文衔接的目的。在英语中，为了避免重复或是出于对句子结构的考虑，经常会省略一些成分。主要有以下几种情况：前文已出现的信息可以省略，通过上下文可以推断出的信息可以省略，一些固定的省略结构。在一些成分复杂的长难句中，省略会造成理解和翻译上的困难。

二、英语长难句的翻译问题

一般来讲，翻译文本的句子有严密的逻辑系统，句子关系有时候也比较隐晦难懂。在翻译实践中，长句子结构繁杂问题尤为突出，句子衔接关系紧密，而且英语衔接方式多种多样，长句子居多，结构极为复杂。然而，基于文化视角可以发现，相对于西方文本句法结构多样、内容深邃的情况，汉语中相同类型的文本虽然同样寓意深刻，但是句子结构相比较而言简单许多。因为中英文文本中结构存在诸多差异，所以句子结构的衔接问题在英译汉的过程中比较突出。在文学类文本翻译实践中，句子的省略和替代结构隐含，长句内的短语结构和句子逻辑结构复杂，在翻译过程中易产生一些困惑。因此，这里主要对翻译过程中的此类问题进行分析。

（一）长难句内省略与替代结构隐含

在翻译实践过程中，长难句的省略与替代出现频率高，省略和替代结构作为语篇连接类型，可以看作语篇内部调整语言现象的过程。根据韩礼德的定义，“省略是句子中省略部分语言表达的过程，替代是句子中替代部分语言表达的过程”。它们一般出现在上下文相同的语境中，省略和替代的共同目的之一都是为了让句子简练，避免重复。但是这些句子省略的内容以及替代的言语对象在文本难以判断，是易造成句子衔接中难以理解的一大问题。接下来对省略与替代现象频繁的问题进行分析。

1. 省略结构隐含

英语省略结构的类型很多，按照韩礼德的划分标准，“有名词性省略、动词性省略、分句性省略，还有句法方面的省略，也有情景方面的省略”。英语并列结构中常省略前面已出现过的词语，而汉语则往往重复这些词语。在英汉翻译中，省略属于语法衔接，省略应用也多种多样，需要对其理解透彻，再结合上下文的语境以及其在所在文本中的意义，方可明白作者的表达意图。因此，省略问题在翻译实践中会给译者造成一定困扰。

2. 替代结构隐含

这里提到的替代是一种语法关系，替代的语法关系是句子结构中词与词之间的关系。不同类型的替代是从语法方面定义的。因此，在替代结构中，根据语法功能定义语言项目。在英语中，具体替代项可以是名词、小句或从句。在翻译实践中，若是替代现象频繁，则很容易影响翻译质量。

（二）长难句内短语结构复杂

在翻译实践中，长难句短语结构复杂的情况也是很突出的。在英语语法中，短语是在语言表达中共同使用的一组词，又名片语和词组，其单位大于词，但是本身是不成句的语法单位。英语中短语结构类型多样复杂在翻译过程中形成了一定阻碍，在相关的翻译问题中，动宾结构以及非谓语结构的成分尤为复杂，因此，在这里主要分析这两种短语结构的复杂性。

1. 动宾结构复杂

“动词词组（VP）是以主动词为中心的词组。”动宾短语在句法层面上由动词与其后面成分组成。短语中心动词与后面成分是支配和受支配的作用，动词后面成分表示与动作有关的人或物，叫宾语。在英语中，动宾结构使用频率高，宾语和动词之间的关系也多种多样。动宾短语复杂，容易使译者在翻译中产生疑惑。

2. 非谓语结构复杂

在一些文本的翻译过程中，非谓语动词结构会频繁地出现。王国栋教授在大学英语语法中指出，“非谓语动词又叫非限定动词，非谓语动词结构是指句子中不是谓语的动词，主要包括不定式、动名词和分词（现在分词和过去分词），即动词的非谓语形式”。非谓语动词除了不能作谓语外，可以承担句子其他成分。在翻译实践中，如果频繁使用非谓语动词结构，而且非谓语动词的结构非常复杂，就会给翻译造成一定困难。

（三）长难句内逻辑结构复杂

在英语文本翻译中，要想深入理解文本的真正意思及其文化内涵，就需要了解长句句式结构关系，厘清长句结构的复杂性。长句中成分复杂多样，其中嵌套各种关系，也就是说，构成文段的各句子有时可以包含多种关系。在一些文本的翻译实践中，因果结构以及递进结构不明的情况较多，因此在翻译过程中，需要对文章的结构进行分析，具体是对因果结构以及递进结构进行分析。

1. 因果结构复杂

因果问题通常是人们关注的焦点。因果结构作为一种抽象的概念比较难以理解，如果在因果关系隐含而且因果结构复杂的情况下，对于文本的理解和翻译就变得尤为困难。

2. 递进结构复杂

在一些文本的翻译中，往往存在许多复杂的递进结构关系。递进结构是逐层渐进、最后达到顶点的。递进结构的构成在形式上至少有三个语言单位，在内容上，递进的各语言单位在意义上要有关联，且结构有次第性，按照由小渐大，由浅渐深，由弱渐强，层层递升。递进结构复杂可以通过语言结构思维理解，英语思维方式是由个体到整体，由小到大，属于个体性思维，但是中文通常是由整体到个体，由大到小的情况，属于大格局思维。在翻译实践中，递进结构复杂的问题很容易影响翻译的质量。

三、英语长难句翻译问题的解决方案

基于文化视角，具体探讨英语长难句翻译问题的解决方案，阐述如下：

（一）翻译方法

刘宓庆在《文体与翻译》一书中，较为系统地形成了一套针对长难句英语翻译的有效步骤，包括“紧缩主干、辨析词义、区分主从、持清层次、调整搭配、润饰词语”。同时，他还根据英语长句汉译时的具体情况，提出了六种处理方法，即包孕、切断、倒置、拆离、插入、重组。

通过参考学习多位学者对长难句的翻译实践，结合目的论三原则，对长难句的翻译大致可以采用以下四类翻译方法：

1. 顺序法

“有些英语长句所叙述的一连串动作基本上是按照动作发生的时间先后安排，也有些英语长句的内容是按照逻辑关系安排，这与汉语表达方法比较一致，因此，翻译时一般可按照原文顺序译出。”有些英语长句叙述的内容与汉语一致，按照时间、空间和逻辑先后顺序排列。在翻译这类句子时，一般不需要调整语序，可以适量添加或减少一些连接词，并按照英文原句的表达顺序译成汉语。

2. 逆序法

由于英汉思维模式有较大差异，英文逻辑顺序有时与汉语习惯表达顺序相反。例如，在英文中，一般先阐述结果，再表明条件；汉语往往先说明条件，再表明结果。在翻译这类句子时，要改变翻译顺序，对原文进行逆序翻译处理。英文的倒装句大多采用逆序法进行翻译。正如我国翻译家朱生豪先生所言：“拘泥字句之结果，不仅原作神味，荡焉无存，甚且艰深晦涩，有若天书，令人不能卒读。”意思是说，如果在翻译中执意关注原文的行文顺序，损害了风格的忠实性，反而得不偿失。

3. 分译法

在部分英语长难句中，主从句之间或主句与修饰语之间的关系并不密切。在翻译这类句子时，译者可按汉语多用短句的习惯，把长句的从句或修饰语分离出来，转换成短句，并通过增词、减词等手段使译文忠实原文且通顺。

4. 综合法

翻译方法不是唯一的，如果以上方法都不能流畅翻译出所遇到的长难句，译者可以考虑先将原句切分成若干个较小的语言单位，按照时间顺序或者逻辑顺序，有顺有倒地来翻译句子。综合法要求我们分清短句的主次，对不同的短句进行有顺有逆、有主有次、较为灵活的处理方式。有时只有不执拗于原句顺序，才能得到忠实通顺的译文。

（二）翻译策略

在一些文本的翻译实践中，长难句内替代与省略结构隐含、长难句内短语结构复杂、长难句内逻辑结构复杂等问题突出。因此，需要认真分析并找到解决翻译难点的适当策略。首先，针对长难句内衔接方面的省略与替代结构，采用的是补偿策略和增词策略；其次，关于短语结构复杂的问题，分别采用释义策略和换位策略这两种解决方案；最后，长难句中逻辑结构复杂的翻译问题，可采用逻辑明晰策略和拆分重组策略。

1. 长难句内省略与替代结构关系隐含的解决策略

在一些文本的翻译过程中，长难句内省略与替代结构隐含的形式多样复杂，之前分析了省略和替代结构隐含的问题，用一定的翻译策略处理翻译难点，使译文变得更流畅易懂。经分析发现，用补偿策略和增词策略能很好地解决翻译长难句内省略和替代结构隐含问题。现在对省略和替代结构的问题分别进行讨论。

针对省略结构的问题采用补偿法比较合适。“翻译补偿包括语言学补偿和文化补偿两方面。语言学层面补偿包括补充词汇、语法和语篇等，文化层面包括句子美学层面、价值观念冲突和形义统一的补偿等。”在翻译过程中，英语中特定语言形式字面直译易造成语义损失，影响对译文的理解，需要采取语言的补偿。用补偿法将英语译成中文，使其更符合中文行文逻辑和用法习惯，使读者读起来更为流畅和朗朗上口。

（1）针对省略结构的补偿策略

在翻译实践中用补偿策略能较好地解决省略结构造成的翻译问题。翻译补偿是“以目的语为主，辅之以符合目的语规约或规范的其他语言手段，根据文本类型和翻译目的，对翻译过程中可能造成的或已经发生的损失进行修复或弥补”。在翻译的时候，对省略结构复杂的问题可通过补偿一些损失的语言内容，使之符合目的语的表达习惯，通过补偿语言内容，使译文与原文表达成近似效果。

（2）针对替代结构的增词策略

在翻译实践中，对长难句内省略结构复杂的问题使用增词译法较合适，按照连淑能的观点，所谓增词译法，就是在翻译过程中添加相应的单词、词组、分句或完整句，使译文在语法、语言形式上符合译文习惯。

针对替代结构的具体事例，可以发现一些文本中替代现象频繁出现，采用增词译法将替代的内容翻译出来，对译文的可读性和流畅性十分有帮助。

2. 长难句内短语结构复杂的解决方案

在一些文本的翻译实践中，长难句中短语结构频繁出现且复杂，较难翻译，其中动宾短语结构和非谓语动词结构复杂的问题显著，针对此类问题，分别可以用释义策略和换位策略加以解决。释义策略是指忽略原文文字的表达形式，用解释的方式用译文表达原文的意思。换位策略则是指将原文语言顺序调换位置，以一种新方式将语言重新组合起来。

（1）针对动宾结构的释义策略

释义策略在解决动宾结构复杂的问题中起到了很好的作用。姜荷梅在翻译策略中提出，“释义是指舍弃原文中的具体表达形式和形象，采取解释性的方法译出原文的意思”。

在翻译过程中若是动宾结构复杂，可采用释义策略，分析原文中的具体表达形式，将源语的语言外壳去掉，用英语的思维转化成中文思维后，再用中文的语言外壳表达原文的意思，才能符合中文的语言表达和思维习惯。

（2）针对非谓语结构的换位策略

在实践中得知，针对非谓语结构翻译困难的问题，可以采用换位策略解决。换位，顾名思义，就是改变译文的位置，将译文的顺序做相应的调整，以期达到译文通顺的效果。

3. 长难句内逻辑结构复杂的解决方案

针对长难句中因果结构隐含且复杂、递进结构复杂、从句结构复杂等问题，相关学者提出了明晰策略以及拆分重组策略。

（1）针对因果结构的逻辑明晰策略

在翻译实践中，因果结构需要用相应的方法来使之明晰化，将这个逻辑关系分析透彻。“明晰化”这一术语在西方是由保尔 · 维纳（Paul Vinay）和让 · 达贝尔纳（Jean Daberlnet）最早提出来的。“明晰作为一种翻译技巧，指将原作的信息在译作中以更为明确的方式表述出来。”它与增词法技巧密切相关，但是与增词策略有区别，明晰化包括增加额外的解释、直接表达出原作暗含的意思、添加连接词等。

（2）针对递进结构的拆分重组策略

在翻译过程中，递进结构复杂的问题需要用拆分重组策略解决。在通常情况下，“拆分重组策略是指在进行英译汉时，为了译文流畅，更符合汉语表达习惯，在分析英语长句结构、理解英语原意的基础上，摆脱原文语序和句子形式，对句子进行重新组合”。重组一般以各部分之间的（时间、逻辑）关系为依据。

第六章　基于文化视角的英语语篇翻译

随着经济一体化的快速发展，国家与国家间的交流日益紧密，对翻译的质量提出了更高的要求。无论是文学作品还是应用作品，一般都是以语篇的形式进行。本章分为英汉语篇的特点、英汉语篇的比较、语篇翻译的衔接与连贯三部分，主要包括英汉语篇的共同点、文学作品中英汉语篇翻译的特点、语篇翻译的衔接与连贯常见问题及对策等内容。

第一节　英汉语篇的特点

一、英汉语篇的共同点

（一）语义的连贯性

“完整语义”的语篇必须是一个语义单位，应合乎语法，语义连贯，有一个论题结构或逻辑结构，句子之间有一定的逻辑关系。语篇中的话段或句子都是在这一结构基础上组合起来的，一个语义连贯的语篇必须具有语篇特征，所表达的是整体意义。语篇中的各个成分应是连贯的，而不是彼此无关的。

（二）衔接手段相同

衔接是将语句聚合在一起的语法及词汇手段的统称，是语篇表层的可见语言现象。从语篇的生成过程来看，它是组句成篇必不可少的条件。在英汉两种语言中，语义的连贯都要靠种种衔接手段串联而成，即语篇组织。

（三）连贯和隐性连贯

在衔接与连贯框架中可分为显性与隐性两种情况。显性是体现于词汇、语法、结构等语言表层形式的，隐性则是有赖于语境和语用因素蕴含的连贯。衔接是连贯的外在形式，连贯是衔接的内在意义，两者既统一（显性连贯），又不统一，即并非有衔接就是真正连贯的语篇，无衔接的也可能是真正连贯的语篇（隐性连贯）。

总之，语义连贯是语篇的实质，种种有形的衔接是其组织形式。单有衔接而无连贯不是语篇，两者皆备是显性连贯，有连贯而无衔接是隐性连贯。这种情况英汉语概莫能外，但并非彼此对应，即英语的显性连贯译成汉语可能是隐性连贯，反之亦然。

二、英汉语篇的基本差异

英汉语篇的基本差异有内在的思维和外在的衔接与连贯两个方面，内外相互影响，又相互独立。一般说来，思维层面的差异是决定性因素。

（一）直线形和螺旋式

英汉语分别呈现直线形与螺旋式的特征，这从根本上讲是中西方重综合与重分析的思维习惯的体现。

所谓直线形，就是先表达出中心思想，然后由此展开，后面的意思都由前面的语句自然引出，英语长句“叠床架屋”式的结构最典型地表明了这种思维逻辑。

汉语的螺旋式是以“起、承、转、合”为典型的，先宣称主题之重要，然后展开反复论述，最后回归主题，并对它再三强调。其根本特征显然是重复，乃至不厌其烦地强调，即词语和结构的复现与叠加。

（二）形合和意合

在语言构思方式和语言组织方式上，英语呈现形合特征，而汉语呈现意合特征。形合和意合的区别就是语篇连贯的隐显不同。

英语形合指英语必须含有体现词语法的衔接，也就是从语言形式上把词语、句子结合成语篇整体。

汉语的意合则无须借助词汇、语法的衔接手段，仅靠词语和句子内涵意义的逻辑联系，或靠各种语境和语用因素，便能构成连贯的语篇。因此，英汉互泽时，便常出现隐显不一的情况。

（三）客体意识和主体意识

英汉语篇的差异还体现在两种语言在思维上存在客体意识和主体意识的差别。中国语言表现多以“人”为主语。西方因注重个体思维、注重理性分析而执着于主客体分离和区别。

三、文学作品中英汉语篇翻译的特点

文学作品的英汉语篇翻译需要在保持其内在价值不变的情况下将汉语文字转变成英语，这一过程不仅仅是文字内容的转移，而且是一个再创造的过程，其翻译应当注意艺术性、整体性、创造性和时空性。

（一）艺术性

文学翻译是指用另一种语言，将原作的艺术传达出来，使读者在阅读文章的过程中就像读到原文一样受到启迪、感动和美的感觉。这一艺术的传达便是文学翻译的再创造，强调对原作的语言、故事情节、艺术创作手法、情感倾向、构思等内容的再现，因而其讲究翻译的文学性和艺术性。译者在进行翻译时应当加入艺术色彩和艺术元素，尤其是在译作的语言表达上，应当充分重视受众群体的阅读习惯和心理情感，又不能违背原文的创作思维，这对翻译者的文学艺术涵养要求较高。

（二）整体性

文学作品是由文字语言以及思想情感等共同形成的一个整体，其本身具有一定的系统性，因而译者在进行翻译的过程中应当注意其整体性，既要使翻译作品融入受众群体文化，又要保持原汁原味。如若翻译的作品脱离了原作，那么其翻译工作就失去了价值。因而，译者应当坚持整体性原则，并贯彻落实于翻译的全过程，将原作作者的真实情感倾向和创作意图展现给读者，深化读者与作者的联系，从而提高其对作品的理解认识。此外，译者还应当确保翻译的连贯性，让读者理解其所要传达的思维。

（三）创造性

文学翻译的创造性是指用新的方式组织现有观点，即将原先的知识或想法用一种新的语言形式表现出来。将文学写作看作一个创造过程，那么作者便是创造主体，而将文学翻译看作一个创造过程，那么译者便是其创作主体。译者在翻译过程中，可以自由地选择原作文字内容，以及根据原作内容的表达采取不同的翻译策略，因而，译者的创造性主要体现在对原作语言的重新创作上，包括对语言的转换、文化的移植、意象的再现等。

（四）时空性

文学翻译还需要注意时空性，我国很多文学作品都具有很强的时空性，我国当代作家莫言的作品就是一个很好的例子。

在空间上，莫言的作品依托故乡我国山东高密东北乡展开，着重于讲述这片土地上发生的人和事，英雄的、卑鄙的、现实的、传说的，夹杂在一起，真真假假，多彩而绚烂，营造出一种魔幻现实主义的氛围。莫言的作品着重于讲述“乡村”的故事、“民间”的故事、“农民”的故事，中国社会的缩影、中国的传统文化、中国人的民族性格，都被压缩进了“高密东北乡”这个微观世界。有学者认为，我国当代作家余华笔下的“乡村”不仅存在于中国，在不同文化背景的其他国家中也可能见到它的影子；莫言笔下的“高密东北乡”却极具特殊性，能引导其他文化背景的读者探寻一个他们所不了解的中国。

在时间上，莫言的作品时间跨度长，在一部小说中就能将一个家族的历史娓娓道来。例如，《红高粱家族》的故事一直从“辛亥革命”的年代讲述到 20 世纪 80 年代，涵盖了抗日战争、解放战争、新中国成立、改革开放、计划生育、市场经济等我国重要的历史事件，是对我国近现代史的一种全景式的描画。面对莫言作品独特的时间和空间架构，如果要翻译好他的作品，就要求译者深刻理解我国的历史、地理，甚至社会、文化，中国人的思维方式、民族性格等，这对于译者来说着实是一种巨大的挑战。

第二节　英汉语篇的比较

一、英汉语篇措辞方面

第一，英语属于抽象性语言，倾向于以抽象词汇来表达深奥复杂的语义；汉语属于意象性语言，倾向于以生动具体的形象词语来表达抽象的内容。因此在翻译过程中往往需要在两种语言之间进行虚实转换，使行文更加通顺。

例如：但在北方，还是五风十雨，春寒料峭。

译文：In North China，however，the weather was agreeable but chilly.

原文有具象“风、雨、春”，译文取而代之的是一个笼统的名词“weather”和两个抽象的形容词，于意，是忠实原文的；于形，是简洁明快的。重要的是，此处的三个具象在紧随其后的原文和译文中全部都呈现出来了，于译文而言，行文达意顺畅，毫无重复之嫌，很好地体现了译者的全局观。

第二，英语用词精准，表意明确；汉语用词相对宽泛，对于上下文及语用环境依赖大。因此在翻译过程中不宜断章取义地照字面意思直译，而是应当结合原文语境，分析特定语在行文中的作用及其实际含义，在忠实于原文的基础之上选取准确恰当的措辞。

例如：我痴痴望着它。

译文：I stared at it blankly.

汉字的“痴”字应对应英语的“silly、stupid、crazy、idiotic、foolish”等，本质意思是“傻、痴迷、不理智”等，而原文的真实所指是作者在看到快要被雨水淹死的白蝴蝶的瞬间茫然不知所措，只能目光呆滞地凝视着它，因此译者选用了“blankly”，意指“茫然地，毫无表情地，茫然若失”。

第三，英语措辞讲究简洁凝练，除非有意强调或是出于修辞的考虑，往往避免语义重复；汉语措辞讲究均衡美和节奏美，习惯于重复，以突出强调所要表达的含义。对偶、反复和排比都是汉语当中所喜闻乐见的修辞手法。因此，在翻译过程中，译者需考虑英汉表达上的差异，化繁为简，通过省译使译文更加简洁地道。

例如：它奄奄一息，即将逝去。

译文：It was on the point of dying.

原句中明显有语义重复，“即将逝去”就是对成语“奄奄一息”的解释，故译文用平直的语言点到为止，用到了省译法。

二、英汉语篇句法方面

第一，英语讲究形合，注重显性衔接，多使用表示语法关系的连接词，句与句之间的逻辑关系比较清晰；汉语讲究意合，注重隐性连贯，较少使用表示逻辑关系的衔接词，句与句之间的逻辑关系比较模糊。因此，在进行英汉语篇的翻译过程当中，往往需要在译者在译文当中增添适当的表示逻辑关系的连接词。

例如：一阵暖人心意的春风刚刚吹过，又来了一片沁人心脾的冷雨。

译文：There was now a heart warming spring wind, now a refreshing cold rain.

料想囫囵吞枣的译者很容易将该句译为“After A..., B...”之类的句型，那就是没有吃透原文精神或蕴意的表现。原文这里不是叙事语气，不是在简单描述某一特定日子天气变化的前后状况，而是在说即便是“春意甚浓”的时候，北方天气还经常性的阴晴不定、反反复复。

第二，英语叙述多呈静态，句子当中倾向于使用名词、介词、形容词或副词来表达动态意义，并往往采用物称作主语；汉语叙述多呈动态，句子当中倾向于借助动词来表达形象思维和情感思维，并往往采用人称作主语。因此，在翻译过程中，往往需要进行“动”与“静”之间的转换。

例如：蝴蝶被雨水打落在地面上，沾湿的翅膀轻微地簌簌颤动着，张不开了。

译文：It had been struck down by rain and was now unable to open out its tremulous wet wings.

原文“沾湿的翅膀轻微地簌簌颤动着”是一个语义完整的分句，有意思的是，译者并未用“wings”做主语去字面对译。全句的中心是在交代蝴蝶雨中的不幸遭遇，话题中心始终应是“蝴蝶”，因此，译文在作语序调整的同时，将原来的分句译成了精炼的名词短语“its tremulous wet wings”，显得非常自然合理而又巧妙地道。

第三，汉语造句主要采用“流水记事法”，常用分句或流水句来逐层叙述思维的各个过程，句子往往简短而精炼，英语造句主要采用“楼房建筑法”，常用各种表示关系和连接的手段组成关系联结，句子往往结构完整，主次分明。因此，翻译时往往需要进行意群重组，集零为整。

三、英汉语篇风格方面

散文作为中国文学艺术的瑰宝，其语言风格往往因作者美学追求，艺术个性的不同而呈现出各自的特点。如果译者对作家的语言风格没有足够的了解，很容易失去原文的“精神”。同时，英汉两种语言在表达和思维上的种种差异，也使散文翻译困难重重。翻译家刘重德认为，译者在达到既忠实又通顺的程度之后，必须进一步探求风格的切合。因此，译者在翻译过程中应尽量保持原作的风格特点，重现原作的语言美、意境美和情感美。

在组织方式上，散文“形散而神不散”；从美的角度讲，“形散”说明美是全方位的。如果能达到句句照应，当然最为理想，但如果因为语言差异或翻译后违拗译语的美感特质，则不妨退而求其次，即确保一段话内或句子前后所营造的整体氛围不变，保持整体文学性不变。

例如：那白茸茸的像透明的薄纱的翅膀。

译文：Its gossamer like wings were wmte.

原文将白蝴蝶透明的翅膀比作“薄纱”，译者将其翻译成“gossamer”，该词有“游丝，蛛丝，薄纱”的含义，暗含微小纤细之意，不禁令人联想到白蝴蝶在被暴风雨摧残之后楚楚可怜、孤独无助的样子，因而在修辞方面还原了原作的风貌，更好地传达了原文的情意。

四、英汉语篇衔接方面

英汉语篇衔接手段也存在着较大的差异，因为中文是一种重“意合”的语言，而英文是一种重“形合”的语言。在汉语表达中，重复稀松平常，随处可见。在英文中却要尽量避免重复，会使用一些手段，如使用代词、同义词等来替换原需重复的表达。

在指称方面，英汉语言差异不大。英语中使用人称代词和指示代词的频率会高于汉语。

替代方面，英语中使用替代手段的情形会多于汉语，因为汉语更倾向于原词复现。

在省略方面，由于汉语重“意合”，所以汉语表达不会把重心放在形式或形态上，英语重“形合”，而省略在很多情况下都伴有形式或者是形态上的标记，所以英语中会更多地使用省略。

连接手段的使用则是英汉语言表达中差距最大的一项。由于英汉语言侧重点不同，英语中常常会显化逻辑关系，而汉语则可以通过语义来推断逻辑关系，所以英语表达中连接手段的使用频率要高于汉语。

总之，并不是某个语篇衔接手段只会在汉语使用，而不在英语中使用，反之亦然，而是说，汉语和英语中都会使用指称、替代、省略和连接这四种语篇衔接手段，只是使用的频率不一样，而这种频率的差异，则源于这两种语言不同的侧重点。

母语深深地影响着我们的思维方式，在翻译过程中人们很容易受到原文牵引，容易照搬原文的衔接手段，所以，在翻译的过程中，一定要意识到英汉语篇衔接手段的差异，不可将中文原文中的衔接手段直接照搬进译文，而要深层次地剖析词句之间的逻辑关系，重新选取恰当的衔接手段。

第三节　语篇翻译的衔接与连贯

一、语篇翻译的衔接

（一）语篇翻译衔接概述

“衔接”一词的字面意思是连接。对于其确切的定义，语言学界有多种说法。在《英语中的衔接》（Cohesion in English）中，韩礼德与哈桑（Hasan）提出了衔接理论，认为当篇章中某个成分的解释取决于篇章中另一个成分的解释时，就出现了衔接。简而言之，韩礼德和哈桑认为衔接是语言成分间的语义关系。我国学者胡曙中认为，衔接是“所有连接语言单位和模式的方法”。通过上述定义，可以将衔接归纳为构成语篇的重要手段。

对于衔接的方式，通常可分为语法衔接和词汇衔接。韩礼德与哈桑将语法衔接分为指称、替代、省略和连接，将词汇衔接分为词汇的重复和搭配。不同的衔接方式会给语篇带来不同的效果。

语篇内容衔接理论中的“衔接手段”是一种语义概念，一般泛指在语篇中出现的意义关联，连接手段也可包括句法连接和词语衔接两大类。句法连接分为照应、省略、替代、连接等。其中，相互照应是指语句中某种成分可以用作另一种的根据式；省略是为了减少不必要的重复，所以省去了语篇内容中的某些成分，进而使得语篇内容更紧密、更连续。为了减少重复性，省去了语篇内容中的某些部分，所以，它的具体含义必须用所代替的那些部分来说明；连接指的是一些描述时间或条件和因果关系等逻辑关系的连通性的词。重叠、同义、反义、上下义及其搭配为词语连接时所运用的主要方式。将这些方法应用于语篇翻译中，可以很好地提高语篇的连贯性，在英语笔译中起到重要作用。尽管语篇衔接和贯通表现形式不同，但其本身并无层次特征。语篇衔接常常体现于语言以外的多种原因，例如，社会、人文、语言结构等。

在现代语言资讯结构中，语篇信息内容的连接和贯通通常出现于主位和述位信息之中，主位信息是已有的，而述位信息是新增的。语篇信息内容连贯活动是指借助于单词、语法、句型完成的活动，而任何话语活动都有言内行动、言外行动和言后行动。语篇衔接和贯通，具有整体、相互依赖、有效的特征，整体统一是指三个维度的统一，是一种整体。上述三种特征都存在于一定的情境语境、社会文化规范之中。三种层次的基本逻辑关联都是“条件”的内涵关联，而二者之间的关联也是双向的。对语篇内容的理解也是必须补充的，掌握必要的资料才能真正认识语篇内容，掌握语篇内涵的整个含义，也才能产生连贯的语篇内涵。从语内行为层次分析，连贯关联主要是指有形标记，例如，非结构关系、语内构造关联等。“非结构关系”是指称、省略、替换、联结、词语和句法联系，包括具体时间衔接手法的语义法关系；构造关联则强调对语篇主题的连贯与扩展，也包括对书面语句的主题推进。

（二）语篇翻译衔接的重要性

篇章语言学的出现使英文中的词篇衔接问题显得十分关键，从文章连接的视角研究其特征，并采取相应的翻译对策与办法，是进一步提高翻译精度与一致性的重要途径。

目前，语篇意识正在日益提高，翻译中自然地要兼顾专业词语、句型、术语等，不但要兼顾文体特色，还要重视语篇的语言特点，并进行与翻译的衔接，让翻译更为精准，因此语篇衔接十分关键。

进行英语翻译要培养一定的艺术英语专业意识，由于英文是表形语言，而汉语则是一种表意语言，因而在理解过程中，要对汉语的思维习惯和语言表达形态重新构造，以便于正确地表达原文的艺术含义。在这个过程中，必须运用与语篇内容衔接的诸多知识，以增强译文内涵的正确性和语言结构的紧密性，为交流打下良好的理论基础。

翻译中必须以语篇内容衔接理论为指南，通过克服语言障碍和传统的文化障碍开展译文实践。由于语篇和传统文化间的关联十分紧密，译文必须利用由语篇内容衔接理论和文章构成的知识体系来揭示其源语之后所负载的传统文化。译文的工作过程也就是对原文词和目的语加以对比的工作过程，关联到比较语言学。比较语言学和语篇衔接理论之间有着实质的、形式的联系，但二者的联系又是双向的。

（三）语篇翻译的语法衔接类型

在英汉翻译过程中，语法衔接一般会包括照应衔接、省略衔接、替代衔接、连接衔接四种类型，不同衔接方式为实际英汉翻译提供了较为重要的理论指导意见，可以促进译文在翻译过程中具有更加科学、合理的语篇特征。

1. 照应

照应实质上也属于一种语义关系，即在语篇内容中一部分语言成分和另外一部分语言成分形成相互解释的关系。在语篇衔接过程中，照应的功能多以体现在超句结构中的照应成分与照应对象之间的相互参照关系，也可以理解为相互解释的关系。一般来说，照应可以分为指示照应和人称照应。

以指示照应为例，即在指示代词、相应限定词与冠词之间所形成的照应关系。例如，在英汉翻译中常见的“this”则与汉语中的“这”形成了相互的指示照应关系，在“that”中则与汉语中的“那”形成相互指示照应的关系，然而实际上在英汉翻译过程中，“that”也常常被用作“这”以进行翻译。

在人称照应当中，指的是利用各类人称代词与相应的限定词汇、名词性所有格等词汇来形成相应的人称照应关系。与汉语不同的地方在于，英文中人称代词的用法十分复杂，也正因如此，对英汉翻译的要求也相对比较高，翻译者在翻译过程中需要明确原文中的代词究竟照应哪个具体的词汇、句型或者语段，这一点在英汉翻译对原文的理解过程中将会体现出十分重要的作用。如果翻译者在翻译中没有明确代词所照应的内容，则很容易对译文的衔接性特征带来明显地破坏作用。

2. 省略

顾名思义，省略是为了将语篇中的某个片段、组成结构以省略的方式删除掉，主要是为了避免出现重复性翻译的现象，针对翻译内容的新信息形成一定的突出作用，以确保语篇上下文之间的衔接可以形成紧凑性特征，这样一来，被省略掉的内容可以通过阅读上下文之间的联系与推断进行理解。

在英语与汉语中，省略现象十分普遍，但是实际性质并不相同。因为英语语言主要体现出了形合为主的特征，即可以利用时态标记、情态标记、极性等语法方法省略实意动词，这样一来，在翻译成汉语的时候，必须将所省略的内容得以补充完整，才能不破坏原文所具有的语篇连贯性特征。在汉语语言中主要体现出了意合为主的特征，在所省略的内容中多以主语为主，但是在英语中主语具有十分重要的地位，无论如何，主语内容在英语中都不可能被省略掉，所以在汉译英的过程中。如果碰到汉语主语被省略的情况，就要在英文中补充相应的主语，这样才能够避免读者在阅读中出现一头雾水的现象。

3. 替代

利用替代词来将英汉翻译过程中所出现的词语进行替代，以保持语篇衔接的连贯性。在此之间，替代词仅仅属于一种形式，在翻译替代词中需要结合所替代的成分内容来进行翻译。替代词一般根据名词与动词的不同而分为相应的名词性替代词以及动词性替代词，以名词性替代词为例，实际名词性替代词内容主要包括“one”“ones”“the same”“so”等词汇，而动词性替代词内容则主要包括“do”“do so”等词汇，一些特殊的小句替代词则主要包括“so”“not”等词汇。因此，在实际英汉翻译过程中，时常会利用复现原词、省略原词的方式来满足语篇衔接的硬性要求。

4. 连接

连接是为了在一段完整语篇中体现出所存在的不同逻辑关系，因此，实际连接成分多以过渡性词汇为主，可以用来表达出时间、因果、转折、条件等主要逻辑关系。在英语语篇当中的连接成分，主要属于形合连接成分，具有较为明显的显性特征，而在汉语语篇当中的连接成分则以意合连接成分为主，具有一定的隐性特征。也正因如此，在翻译过程中对于连词的使用多以能省则省的原则进行翻译，以便于充分发挥出汉语中的意合语篇特征，使译文达到存意不留形的目的。

（四）语篇翻译的词汇衔接类型

词汇衔接通常是指语篇中某些词语的内容，它们相互间具有某种意义上的关联，从而在整个文本中形成一条完整的链条，最终使文章的连贯性得以实现。翻译者在翻译过程中必须明确不同词语的含义以及用法区别，因为英语在翻译成汉语的过程中，并非具有一一对应的联系，与此同时，翻译者还可以利用重构原文词汇衔接的方式进行翻译，以表达出中文所应具备的修辞效果。就目前的词汇衔接方法来看，主要分为重复、同 / 反义、上下义与搭配关系。

1. 重复

重复一般出现在同一语篇中的某个词汇中，例如，形容词。形容词在英文中可能体现出了重复性的衔接特征，然而在汉语中则具有划分更加明确的形容词，也可以理解为同源不同形的重复词汇。例如，“who is a good Christian, a good parent, a good child, a good wife or a good husband”。在这句话的翻译中，这些“good”的形容词看起来基本完全一致，但是在翻译成汉语过程中如果单纯地应用“好的”“良好的”等直译形容词，则很难体现出译文的新颖性，也无法体现出汉语“一词多义性”的特征。因此，在翻译这句话时，可以分别联系所形容的职位特征褒义词来进行翻译，如“Christian”的“good”形容词可以翻译成“虔诚的”，“parent”的“good”形容词可以翻译成“慈祥的”，“child”的“good”形容词可以翻译成“孝顺的”，“wife”的“good”形容词可以翻译成“贤惠的”，“husband”的“good”形容词可以翻译成“称职的”，这样一来，在翻译过程中，可以使阅读者感受到耳目一新的感觉，使阅读者对于汉语博大精深的特征有着更加深刻的认同感。

2. 同 / 反义

无论是英语还是汉语，同义词或者反义词之间也有相应的语篇衔接作用，即通过合理运用同义词或者反义词来达到语篇衔接的目的。在汉语内容中，矛盾修饰语与英语具有较大的差距，尤其在语言结构上也有着十分明显的差别，也正因为如此，在翻译过程中，很难保证汉语与英语之间的结构保持基本的一致性，为了能够使译文保持应有的语篇连贯性，进行一定的调整则显得很有必要。例如，“happy exasperation”以及“prosperous calm”就属于英语中的矛盾修饰语，其词汇结构组成主要以形容词结合名词而进行修饰，但是在翻译成汉语后则会将其翻译成“恼火 / 高兴”“嘈杂 / 宁静”等词汇，毫无疑问，这些词汇变成了单纯的形容词，即将名词变成形容词，以便于在语篇衔接中体现出应有的连贯性。

3. 上下义

一般来说，在词汇衔接中的上下义关系，指的是某一语言成分所表达出来的含义，会包含在另外一种语言成分的含义范围中，也就是说 A 语言成分可以是 B 语言成分的一部分，也可以理解为在含义上属于 B 语言成分的含义范围之内。

在实际的语篇翻译中，英汉上下义关系词多以界定于某个概念、物体性质之间，划分过程中需要保持基本的一致性特征，然而在表达习惯上体现出了不同的特征。所以在英汉翻译中需要考虑到将英语中的上义词翻译成汉语中的下义词，在此之间必须充分结合上下文来进行针对性的处理与翻译，这样才能够使译文体现出汉语所应具备的表达习惯。

4. 搭配关系

搭配关系主要体现在词项的习惯性共现当中。在英文中具有一些词汇搭配关系，在参考汉语表达习惯中难免会出现一定的违和现象，出现实际汉语在阅读过程中显得十分生硬、翻译质量较低的现象，这一现象出现的主要原因还是在于翻译者在翻译过程中过于拘泥英文中所固有的搭配关系。例如，在“Chairman Mao is an activist, a prime mover”的翻译中，如果仅仅参考英文中的搭配习惯将其理解为“毛主席是一个活动家，是原动力”则很容易曲解原句的含义，甚至使阅读者在阅读过程中发出疑惑，这样的搭配关系在汉语看来也明显过于生硬，因此将“a prime mover”翻译成“决策人”更为合适，也可以充分体现出汉语词汇的搭配关系，使原文的含义变得通彻透明。

二、语篇翻译的连贯

（一）语篇翻译连贯概述

关于连贯的定义，语言学界没有确切、统一的说法，不过基本都认为连贯是建立在衔接的基础之上的。换言之，衔接是连贯的基础，衔接可以在形式上将句子连成一个整体，从而构成一个连贯的语篇。在连贯的语篇中，各语言单位之间必然衔接自然、流畅，符合逻辑。除衔接外，影响语篇连贯的因素还有很多。同济大学教授张德禄与青岛工学院外语学院院长刘汝山认为，篇章的语义完整度及其情景语境的适合度也会影响篇章的连贯，即篇章的语义应是完整的，没有空缺的，否则也是不连贯的。同时，篇章应与情景语境相适合。张德禄与刘汝山将连贯的特征归纳为分级性、连接性、整体性、功能性。分级性指的是连贯具有程度上的区别。连接性是指篇章中各语义成分需联系起来，形成完整的语义网络。整体性要求篇章各个部分首尾呼应。功能性则是指篇章应符合情景语境，达到一定的交际目的。只有符合上述特征的语篇才称得上是连贯的。衔接与连贯同属于篇章的基本属性，其中衔接有助于语篇实现连贯，而连贯与否影响着目的语读者对原文的理解。

美国佛罗里达大学教授博格兰德（Beaugrande）和奥地利维也纳大学教授德雷斯勒（Dressler）指出，衔接与连贯都是以篇章作为核心而展开的。同样，我国学者方梦之认为，衔接在语篇的表面可以得到体现，连贯则处于语篇的底层，是无法通过语言表层体现出来的。关于衔接、连贯同翻译的关系，我国学者余高峰认为，译者对于语篇衔接的认识与处理方式同译文的质量息息相关。同样，湖南理工学院外语学院教研室主任刘庆元认为，衔接的好坏会直接影响译文能否被目的语读者理解和接受。一个有意义的语篇离不开衔接与连贯的作用。翻译并不是简单地对语言进行转换，目的语读者的阅读体验也是译者应考虑的。在翻译的过程中，译者应采用不同的衔接方法来实现译文的连贯。如果只是一味地堆砌句子，这样的译文就不是连贯的，也无法使译文读者理解。

（二）语篇翻译连贯的类型

1. 逻辑连贯的翻译

在翻译时，既要注重信息传递的准确性，又要注重读者的阅读体验，这就要求译文要逻辑清晰，信息连贯，表达顺畅。连贯是一种逻辑机制，它的着眼点是语篇内的逻辑层次，是信息的线性排列模式。但是，由于中西方文化背景、思维方式的不同，两种语言在逻辑上存在巨大差异，这也是导致英汉两种语言中的逻辑层次和表现方式不同的原因。翻译的过程不仅仅是一种语言符号向另一种语言符号的转换过程，还是两种不同语言之间逻辑关系的转化。因此，在翻译过程中处理连贯问题时，需要注意语篇内部的逻辑层次，对比英汉两种语言之间逻辑关系的不同，作出合理的转换。

（1）因果关系

因果关系作为一种常见的逻辑关系，是语言中常用的一种表达方式。中西两种语言对因果关系的定义大同小异，其中不乏近乎对等的表达。例如，“因为”和“because”，“因此”和“thus”等，但这并不代表英汉两种语言之间对于因果关系的逻辑表达方式完全一致。在英语中，有些因果关系的表达需要借助一些因果标志词来体现，但是很多时候也不一定使用因果连词将其和盘托出，而是体现在意思上和逻辑的内在关系上，这就给原文中含有隐含因果关系句子的理解和翻译带来一定的困难。

（2）转折关系

英语中表示转折的连接词不胜枚举，例如，“but”“however”“yet”“whereas”等，翻译时根据原文意思直译即可。也有许多其他词汇语法形式也隐含着逻辑上的转折关系，例如，定语从句，“more than”“after”等。翻译时要通过找出原文中隐含的转折关系，进行归纳和总结，并探究如何识别原文的转折关系，重构原文的逻辑层次，使译文符合汉语表达习惯，从而实现译文的逻辑连贯。

（3）条件关系

有些文本中包含大量隐含的条件关系，包括句中暗含的条件关系，句子与句子之间暗含的条件关系，甚至段落与段落之间暗含的条件关系。谷青松指出，文本中隐含的条件关系可能存在于定语从句、非谓语动词、副词、介词或情态动词当中。因此，在翻译时发现原文中，小句之间、限定性定语从句、非限定性定语从句、时间状语从句、比较状语从句、虚拟语气等语法形式中，都暗含着隐含的逻辑条件关系。

2. 语法连贯的翻译

不同文本中能够起到语法作用的词语或结构来体现信息内容方式种类不一，

例如，词、小句、短语、句子、段落等，而语法所描述的是语法单位之间形式联系的模式，虽然语法是语篇中最为基础的部分，但有着至关重要的作用，因此，译文能否再现原文中语法层面的连贯效果，在整个语篇连贯中有重要意义。由于英汉两种语言在语法结构上有着巨大差异，因此二者在语法衔接手段上也不尽相同。韩礼德和哈桑将衔接分为照应、连接、省略、替代和词汇五种衔接方式，并将前四种划分为实现语法连贯的手段，最后一种则归为实现语义连贯的方法。结合原文的特点，从替代、照应和连接三个方面，结合具体的案例，重构译文在语法层面的连贯性。

（1）替代

在韩礼德和哈桑的衔接模式中，替代是指一个语言项目被另一个语言项目所取代，即通过取代前句中某一语言项目，建构句际衔接，使用替代可避免语句重复。替代共分为三种方式：名词性替代、动词性替代、小句性替代。

替代是一种语法上的关系，指的是词语间的联系，而非意义之间的关系，所以从语法上可以界定出不同的替代形式。根据不同的情况，采用不同的替代衔接方法，从语法的角度出发，根据上下文的具体情况，采用替代复现、回译、省译等方法，使译文既能适应汉语的语言习惯，又能达到篇章的连贯性。

（2）照应

照应是一些起信号作用的词项，它们本身不能作为语义理解，只能通过照应别的词项来说明信息。胡壮麟认为，照应指的是篇章中不同地方出现的内容互为照应。如果对于一个词语的解释不能从其本身的意思获得，而必须从该词语所指的对象中获得正确答案，那么，这一过程就产生了照应关系。陈晓湘等认为，照应手段是一个语言成分与另一成分的关联点，英语中显性的参照点和汉语中隐性的参照点均可在语篇的上下文中找到，在解读和翻译语篇的过程中，成分间的照应关系是解读者解码信息的重要依据。按照应词项在话语中所起的作用，韩礼德和哈桑将英语中的照应分为人称照应、指示照应、比较照应。

使用照应达到翻译的连贯，不仅可以发生在句子层面上，而且还可以出现在话语层面上。当在句子层面上出现时，照应的方式可以使句子内部的意思前后连贯得更加紧密，语言更加简练。当在话语层面出现时，主要体现在复杂结构中的照应成分与照应对象之间相互参照关系或解释关系上，通过不同的照应词汇来凸显话语中的照应关系。

在不同的语篇中，要从句层次上的指示照应和人称照应这两个不同的问题进行分析，通过增译、回译、复现等方法来还原原文的照应，对个别的照应可以采取省略不译的办法，使译文中的句子和句子间的相互照应关系更为紧密和连贯。

（3）连接

“连接”是一个“在前言与后语之间建立系统联系的专门用语”。连接成分之所以具有使翻译更加连贯的功能，是因为这些成分本身的特殊含义预设了语篇中其他成分的存在。通常情况下，连接词一般不会独立出现，在语篇连贯的建构过程当中，它们总是在不同层面起着承上启下的连接作用。

3. 语义连贯的翻译

语义连贯也是语篇连贯的重点内容，在翻译的过程中，译者对语义的关注往往都是在词项之间的语义关系上，而这些词项之间不是独立存在的，他们存在于句子之中，更存在于语篇之中。中国翻译协会理事王东风曾说：“语篇的总体连贯是建立句际连贯的基础之上的，句际连贯是建立在词际连贯的基础之上的。”因此，译者应从词际连贯和句际连贯两个方面来分析原文语义连贯的特征，结合一定的翻译方法和翻译技巧，使原文的语义信息在译文中流畅地表达出来，达到重构语篇连贯的目的。

（1）词际连贯

介词、代词等虚词的使用，不仅能够用简单的语言传递复杂信息，而且还能体现英语形合的语言特点，使得句子之间联系得更加紧密，原文的词际连贯效果也得以呈现。词际连贯，即小句之内各词汇之间的搭配，不仅要求词与词之间能够构成有效的形式连贯，而且要求这一连贯能同原文概念所指的实物、行为或特征之间构成有效的语义连贯。英语中的介词和代词的使用频率远远高于汉语，而作为频繁使用的功能词，英语介词和代词在形式上起到连接句子内部之间的桥梁作用，同时又包含着丰富的语义关系。英语构句靠着一批关联词连接，句子的成分可以很自然地扩展、增加，而且无论一个英语句子有多长，只要关联词在其中穿针引线，句子仍然是结构严谨、层次分明的。

英语介词就是可以发挥关联词的作用，可以翻译为动词、名词、代词等多种形式。一个句子的复杂性，并不取决于从句的数量，而是取决于其所含的介词、代词的数量，以及对它们的理解，这都是翻译过程中的障碍。不仅对理解原文造成一定的困难，而且对译文的语篇连贯有着非常重要的影响。因此，探讨介词和代词在词际间的连贯作用是非常有必要的。

由于中英词汇和语义搭配方式不同，因此决定了两种语言词际之间连贯所呈现的方式有所不同。费米尔（Fermir）提出的目的论原则为译者提供了很大的参考意见，他认为译文由其目的决定，必须内在连贯、必须与原文连贯，因此，在翻译过程中，我们不仅仅要注意一句话中词与词之间的连贯问题，还需要注意小句与小句之间的连贯问题，并选择恰当的衔接方式，适当的调整译文，以语篇连贯为目的，保证译文的可读性。

（2）句际连贯

王东风认为，句际连贯的范围可以是临近句之间的近距连贯，也可以是非临近句的远距连贯，乃至跨章、跨节的超远距连贯。由于中英两种语言之间思维方式等因素的差异，在表达上无法做到完全一致，因此如何理解原文在内容和逻辑之间的关系，也是翻译实践中着重要解决的问题。

句际连贯指（小）句与（小）句之间的连贯，要求（小）句与（小）句之间不仅要有结构上的连接，而且还要有深层次的语义和语用关联，也就是要文理通顺。句际连贯作为语篇连贯的重要组成部分，在原文中有诸多表现，不仅仅是因为原文中包含许多复杂的长难句，还因为这些句子在语义和逻辑结构上带来一定的翻译困难。

句际连贯主要涉及句子与句子之间衔接方式的处理，既包含简单句之间的衔接，也包括复杂句之间的衔接。在翻译过程中，要分析源语语篇的连贯结构，使用拆译、语序调整、增译词汇、小句替换等多种方式处理原文中句子与句子之间的衔接问题。另外，考虑到英汉两种语言思维差异的不同，为增强句子与句子之间的连贯性，可以采用意译的方式，对原文信息进行重组，结合具体语境，从汉语的思维方式和表达习惯上出发，在保证译文准确性的前提下，对译文进行适当的调整，达到重构语篇连贯的效果。

三、语篇翻译的衔接与连贯关系

（一）语篇翻译的衔接与连贯关系

衔接在英汉翻译中的语篇现象中是十分常见的，可以充分体现出语篇经验连贯以及人际连贯的语言特征。连贯属于语篇本身的主要特征，也属于一种语篇理解的特征。在英汉翻译过程中，形成语篇以及诠释语篇中会出现连贯特征，这种特征属于一种精神现象，在读者阅读过程中出现在阅读者的脑海中。

可以说，英汉翻译过程中没有语篇连贯，也就没有语篇衔接的说法，然而如果在没有语篇衔接的情况下，语篇连贯现象也有可能会发生。因为对于一次成功的语篇衔接来讲，可以充分促进语篇连贯现象的出现，失败的语篇衔接则会对语篇连贯现象带来显著的破坏作用，在此之间可以看到，连贯一般从人们的真实生活情境、人际交往知识等途径中所产生，而衔接并不是连贯的必要条件。在语篇衔接方式选择中，一般会分为显性衔接与隐性衔接。以显性衔接为例，可以体现出较为明确、清晰的表现特征，隐性衔接则一般会隐藏在上下文之中。在显性衔接方法中，一般为语篇内部衔接方式、语篇外部衔接方式，而内部衔接方式一般需要韩礼德以及哈桑等人的经典模式所实现，例如，音位衔接、词汇衔接以及语法衔接等。

（二）语篇衔接与连贯的关系在翻译中的体现

在实际交际时，交际者为达到良好的交际效果将尽可能保持语篇的连贯性，同时，语篇的接收者也默认以语篇的连贯性为前提来进行理解。交际者在组织语篇的过程中为增强语篇连贯性可以根据自身表达的需要选择适当的衔接手段，以便于接收者有效理解语篇。

对于翻译工作而言，译者只有在完全理解语篇，深入分析文本深层的连贯性并总结原语语篇实现连贯性的各种手段后才能重新生成语义连贯的译语语篇。在翻译过程中，译语语篇的连贯性始终要受原语语篇连贯性和其实现手段的影响和制约，但这并不意味着两者必须完全等同。换言之，在翻译过程中，由于英汉两种语言和文化本身的差异，译者可以根据需要对原文连贯性的实现手段进行选择和调整，最大限度地降低语篇接收者的理解难度。在翻译过程中，译者根据交际需要，在处理语篇的衔接手段时可以参考以下手段：

1. 增添衔接手段

从语言本身而言，英语注重形合，因此在英文语篇中常见大量的词汇和语法衔接手段；汉语注重意合，连贯的语篇常常没有太多的衔接手段。在翻译时，特别是汉译英时，译者为实现译文意义连贯就可以适当增添衔接手段。

例如：我们屋后有半亩隙地。母亲说：“让它荒芜着怪可惜的，既然你们那么爱吃花生，就辟来做花生园吧！”我们几姊弟和几个小丫头都很喜欢——买种的买种，动土的动土，灌园的灌园；没过几个月，居然收获了！

译文：Behind our house there lay half a mou of vacant land. Mother said, “it's a pity to let it lie waste. Since you all like to eat peanuts so very much, why not plant some here？” that exhilarated us children and our servant girls as well, and soon we started buying seeds, ploughing the land and watering the plants. We gathered in a good harvest just after a couple of months！

原文语篇在语义上环环相扣，因果关系清楚明了，语篇连贯，但并未使用大量的词汇和语法衔接。上述译文通过增添代词“that”轻松达到句与句之间紧密衔接的效果，并使语篇更为连贯；同时译者通过“and soon”代替原语语篇中破折号所达到的连贯效果，与译文上文“that exhilarated us”交相呼应，使译语语篇衔接更为紧密，语义更为连贯。

2. 语法衔接与词汇衔接相互转化

汉语注重意合，常使用原词复现的方式加强语篇衔接和连贯。英语注重形合，替代的使用率高于汉语。在汉译英时，要根据两种语言的特点进行适当调整。

例如：“父亲已经上了六十岁了，还想做一点儿事业，存一点儿钱，给我选起屋子来。”一个朋友从北京来告诉了我这样的话。他的话使我想起了我的父亲，我的父亲正是和他的父亲完全一样的。

译文：“Father is now over sixty, but he still wants to work to save up for a house to be built for me,” a friend of mine from Beijing told me. That put me in mind of my father. My father was very much like his。

原语通过复现“他的话”与前文进行呼应衔接，而在译文中则可以使用代词“That”达到照应效果，使译语读者轻松享受和原语读者一样的阅读感受。

四、衔接与连贯在语篇翻译中的重要作用

衔接和连贯是语篇中既相互区别又相互关联的两个方面。衔接是语篇表层的、有形的实体，而连贯则是语篇底层的、无形的、内在的关系。衔接和连贯你中有我，我中有你。从某种意义上讲，衔接是使得语篇连贯的一种手段，而连贯则是语篇生成的一种目的，为了使语篇连贯，恰当运用一定的衔接方式可以说是一种

必不可少的手段。这就要求译者在翻译过程中，要充分认识到语篇中衔接与连贯的重要性。在理解原语语篇时，要认真领会、把握其中外在的衔接手段和内在的逻辑连贯关系；在进行译文表达时，要能创造性地在译语语篇中再现原语语篇中衔接与连贯的语篇特征。

翻译的过程是由语篇引发的语篇生产过程（text-induced text production），在原语语篇的创作过程中，为了使文章连贯，采用适当的衔接方式是必不可少的。同样，在译语文本的生成过程中，为了产生连贯的译语文本，也必须采用适当的衔接方式。正如语言学家纽伯特所说的那样，基于文本的翻译旨在在目标文本中建立起在功能上等同于原文本功能的连贯，因此，我们应该把保持连贯作为充分翻译的一个客观标准。在翻译实践中，译者既要能准确识别原语语篇中的衔接方式和连贯性，又要能在译语语篇中创造性地再现相应的衔接方式和连贯性。这就要求译者要了解两种语言不同谋篇布局方式的异同。

就中英互译而论，英语语篇通常是开门见山，首先呈现主题，其次由分题逐级阐述，呈线性铺开。与此相反，汉语一般先设置时空、逻辑框架，然后揭示主题，也就是先事实，后结论。汉语重“意合”，英语重“形合”。“意合”指的是形隐意在，句连洒脱，意脉暗承；“形合”则指形现义明，句连严谨，意脉清晰。因此，英语和汉语语篇的衔接方式是有所不同的，但是语篇不管以什么方式出现都必须合乎语法，并且语义要连贯，包括与外界之间在语义和语用上的连贯，也包括语篇内部在语言上的连贯。

五、语篇翻译的衔接与连贯常见问题及对策

（一）语篇翻译的语法衔接问题及对策

代词属于语法衔接手段之一，用来代替人或事物等名词，可以划分为人称代词、物主代词、指示代词等。英语中代词使用频繁，而汉语并非如此。如果译者照着原文逐字翻译，翻译出来的译文必然表达欠流畅。此外，代词指向不明也是译者容易犯的逻辑错误。

例如：She reported to her doctors that she was mentally not up to her own standard in looking after household arrangements.

初译文：她向医生述说道，她感觉在料理家务方面永远达不到她自己的标准。

改译文：她向医生述说道："我在料理家务方面的智力永远达不到自己的标准。"

原文中"she"出现了两次，"her"出现了两次，初译文用了三个"她"，代词使用过于频繁，显得赘余，译者应省略汉语中多余的代词。修改后的译文省译了两个"her"，将第二个"she"译为"我"，逻辑关系清楚，译文表达更加流畅自然，更符合汉语的表达习惯。

例如：But there are also costs to consider when searching for high-value memories, which might not be as obvious.

初译文：但在寻找高价值记忆时，也要考虑成本问题，这可能不是非常明显。

改译文：但在寻找高价值记忆时，也要考虑成本问题（高价值记忆可能不易找到）。

初译文将原文中关系代词"which"翻译成"这"，指向不明，给读者造成理解困难；改译后译者将"which"指代的内容明示出来，并用括号将定语从句处理成译入语中的补充说明成分，逻辑关系更清楚。

（二）语篇翻译的句际衔接问题及对策

句际衔接指的是句段与句段之间所呈现出来的衔接关系，这些句段与句段在衔接过程中是否体现出应有的紧凑性，对于整体语篇的连贯性特征具有十分显著的影响。句际衔接一般分为显性衔接与隐性衔接，在英汉翻译过程中，根据英语的显性衔接特征以及汉语的隐性衔接特征之间的差异进行翻译的时候，实际衔接关系的处理质量与译文翻译质量之间具有十分密切的联系。因此，在实际翻译过程中，为了确保译文的通畅性和连贯性，显性衔接也需要进行隐化处理，反之隐性衔接也需在必要情况下进行显化处理，甚至可以将原文句际衔接关系进行转化，确保满足译文衔接与连贯重构的要求。例如，在显性衔接的隐化处理中，语句连接之间的形式符号具有相应的连接词汇，可以使句段之间的句际关系变得更加清晰，在隐化重构处理中，即通过对原文显性衔接转化译文隐性衔接的过程，因为对于英语重形合中，句段之间的相互关系需要借助许多连词来进行表达，但是翻译成汉语的情况下可能会显得过于冗杂、啰唆，因此，在这种情况下可以将这些衔接词直接省略掉，以充分体现出汉语语言的"意合"特征，使句段前后变得更具连贯性。

在隐性衔接的显化重构中，在某些情况下，英语本身的文本逻辑性特征十分明显，句段与句段之间的关系往往会隐藏在整个语篇句子当中，并非利用连接词来体现出来，所以在翻译成汉语的过程中，汉语结构本身具有一定的松散性特征，在这种情况下，翻译者如果仅仅借助句际内在联系进行翻译，则很难有效体现出语篇所应具备的逻辑关系，导致实际译文衔接变得不够紧凑。所以，在翻译过程中，要能够厘清原文句际之间所存在的隐性衔接关系，并将其进行显化重构处理，确保能够提高译文衔接的连贯性效果。

（三）语篇翻译的语义重复问题及对策

由于英汉两种语言的差异性，翻译转换过程中可能会出现语义重复问题，省译是消除该现象的主要方法。语义重复可分为显性重复和隐性重复。显性重复指同一词汇的反复出现；隐性重复指具有潜在语义关联的词汇反复出现，这容易被译者忽略，需要译者仔细推敲、加以辨别。

例如：I wouldn't want to take him to the same restaurant we went to the last time he visited.

初译文：我不想带他去上次我们去过的同一家餐厅。

改译文：我不想带他去上次我们去过的餐厅。

初译文拘泥于原文的形式，逐词、逐句翻译，表达显得啰唆，属于隐性语义重复。改译文采用减译法，对冗余的部分予以省略，省译了比较照应词“the same”，既不影响原文逻辑关系，又达到了简洁明了的效果。

（四）语篇翻译的语义连贯问题及对策

译者若没有厘清英文中的隐性连贯形式，容易出现误译。因此，在语篇翻译过程中，译者应厘清原文的深层逻辑关系，避免出现误译。

例如：Sadly, it was in part this ambivalence toward prefrontal function that set the stage for the widespread use of frontal lobotomy as a treatment for psychological disorder in the 1950s.

初译文：可悲的是，20 世纪 50 年代，人们对前额叶的功能不甚清楚，广泛使用额叶切除术来治疗心理障碍。

改译文：可悲的是，某种程度上，由于人们对前额叶的功能不甚清楚，为 20 世纪 50 年代广泛使用额叶切除术来治疗心理障碍埋下了隐患。

初译文没有厘清原文的逻辑关系，将时间状语放在错误的位置。原文的“it was...that”为强调句，包含隐藏的因果关系。改译文增译关联词“由于”，将隐藏的因果关系显性化，表达更精准，逻辑关系一目了然。

例如：If I want to ride an elephant，the information I most strongly associate with an elephant，such as that they are huge and have trunks，is probably less relevant for my task than what I know about their disposition and the places I can find one to ride.

初译文：如果我想骑一头大象，我最能联想到的信息就是它们很大、有象鼻，这与任务的相关性可能不高，还不如我知道大象的性情以及找到骑大象的地方。

改译文：如果我想骑大象，最可能联想到的相关信息就是它们体型很大、有象鼻；但我所了解的大象性情以及在哪儿可以骑大象等信息与我要执行任务的相关性可能更大。

初译文基本传达出原文意思，但逻辑关系不明确，表达不够精准。改译文增加转折连词“但”，将隐含的转折关系显化出来，逻辑更清晰，并且没有漏译信息。

例如：Tragically，due to re-growth of the tumor，Penfield’s sister died about two years after first being seen at the MNI.

初译文：不幸的是，由于肿瘤的再生，彭菲尔德的妹妹在蒙特利尔神经病学研究所治疗两年后去世。

改译文：不幸的是，彭菲尔德的妹妹由于肿瘤复发去世，离她第一次在蒙特利尔神经病学研究所接受治疗大约两年。

初译文没有厘清时间状语所指，将原文理解成“彭菲尔德的妹妹两年内一直在蒙特利尔神经病学研究所接受治疗”，出现误译。改译文将错乱的时间状语进行了调整，将主语前置，纠正了时空顺序混乱带来的逻辑错误。

第七章　基于文化视角的英语翻译特殊方法

我国近几年经济、政治发展迅猛，文化也得到了空前的发展，我国与各国间的文化交流越来越频繁。文学作品在促进中西方文化交流的过程中起到了举足轻重的作用。由于中西方文化存在的差异，在翻译过程中需要采取一些必要的手段来保证翻译的准确性。本章分为增译法与减译法、重译法与分译法、意译法与回译法三部分，主要包括增译法的概述、重译法的应用等内容。

第一节　增译法与减译法

一、增译法

（一）增译法的概述

在许多汉语表达中，连接词往往会省略，而英语是注重形式的语言，在汉译英时，需要增加连接词。连接词的功能是使一个段落更紧凑，强调这些句子与句子之间关系的重要性。汉语中很容易找到没有连接词的例子，其特点是意合性强，结构简单，有的句子中没有主句和主语，较少使用连词或形式的连接手段。英语句型以形合为特征，各种形式的连词和从句极为常见，主要集中在明显的连接词、句式和结构完整性上。应特别注意这两种语言之间的区别。尤其是在进行汉英翻译时，译者需要考虑小句之间的潜在关系，用适当的连词来完成句子。而用增译法增加连接词的翻译，也达到了翻译目的论的连贯原则。

英译汉中使用增译法就是增加一些原文中无其形而有其意的词、词组、分句或整句，译文在语法、结构和表达等方面完整，符合汉语的表达习惯，使得译文与原文在内容上、形式上和精神上都对等。为了能更忠实而准确地传达原文的信息内容，译者在翻译时，需要增补出原文中省略的部分，以确保译文表达准确。

（二）增译法的应用

增译法是在翻译中增加补充必要的内容，从而使译文清晰合理的一种方法。在翻译过程中，一些专有名词具有隐含的意义，源语读者由于具有相应的文化背景或了解足够的知识，可以直接理解隐含的内容。但在翻译时，这些意义很难直接表达出来，原文中有一些专有名词也具有这样的特点，此时可以适当增加一些解释性词语或者表达，从而做到更加准确地传达客观信息，达到交际翻译准确、流畅传递信息的目的，也符合以读者为导向的原则。以下以莫言的话语为例来说明如何应用增译法：

【示例】那个时候的文学，很多上了年纪的人都知道，戏剧只有八个样板戏，小说也就那十几部，作家也就是那么一个作家。

译 文：As for literature, many elderly people knew that at that time, we just had eight kinds of dramas, a dozen novels and just one writer.

分析："样板戏"的全程是"革命样板戏"。其诞生于特定的年代，因此戏剧的主题、内容、形式都有特定的模板。其中有八个具有代表性的样板戏，包括《智取威虎山》《红色娘子军》《沙家浜》《红灯记》等。样板戏在当时备受推崇，戏剧作品远不止八个，实际共有二十多个。译文误译为"eight kinds of dramas"，即八种类型的戏种，造成理解错误。为了让人们可以更好地理解"八个样板戏"，这里应该采用增译的方式，对"八个样板戏"进行较为具体的描述。

改 译：As for literature, many elderly people knew that at that time, we just had several models of Beijing Opera——a term used during the "Cultural Revolution" , a dozen novels and just one writer.

【示例】就像我们的老祖先，山东的蒲松龄，他写妖、写鬼、写狐狸，看起来是夸张、是变形、是虚幻的，但是我想他对这个社会，对人生这种暴露，比那种真正的写实小说可能更加深刻和集中。

译文：Just like forefather, Pu Song ling, he wrote some tales about the gods, the ghosts and the foxes, which seemed to be exaggerated and distorted, but I thought his works can reflect the society and life, and were more profound than the realistic novels.

分析：清代文学家蒲松龄作为《聊斋志异》的作者，善于谈狐说鬼，热衷记叙奇闻逸事，通过创作各种志怪小说而抒发自己内心情感。蒲松龄的作品将现实生活与神明志怪相结合，基于现实却又超脱于现实，从而构建一种神秘意识。在其作品中，人故去后化为鬼魂，而精怪又能修炼成人。因此，在这样的文学创作背景下，发言人口中的“写狐狸”并非单纯字面意义上的狐狸，而是蒲松龄作品中经过“妖魔化”与“人格化”后的精怪。对于外国人来讲，如果仅仅将“狐狸”简单翻译为“fox”的话，可能会引起他们的误解。在西方国家，狐狸是一种聪明、机智或虚伪、狡诈的象征。莫言提到的“狐狸”，指的是经过修炼，对男子极具诱惑力，容貌和才智都绝佳的狐狸精怪。译文中，此处草率地将狐狸翻译为“fox”会引起人们的误会，且没能将其背后所包含的文化内涵所表达出来。因此，这里可以采用增译的方式。

改译：Just like our ancestor Pu Song ling from Shandong, he wrote some tales about demons, ghosts, and the foxes spirit—seductive women, which seemed to be exaggerated and distorted, but I thought his works can reflect the society and life, and were more profound than the realistic novels.

【示例】一种是借助外来的力量，它山之石，可以攻玉，一种就是向民间去寻找。

译文：One is from the outside, using other stones to attack the jade, the other one is to look for the literary inspiration from the folk.

分析：它山之石，可以攻玉，该成语出自《诗经·小雅·鹤鸣》。社会活动家程俊英在《诗经译注》一书中对这句话进行详细解释，“它山之石”，指别国的贤人。这句话意为他国的英才俊杰也可为本国效劳，同时也可以用来比喻他人可以帮助自己改正自己身上所存在的缺点或问题。莫言借用该成语来表明我国现当代文学要想发扬壮大，需要进行变革、发展，而这一过程需要外界的帮助。因此，该成语的翻译绝不能仅仅按照字面意思的表述进行直译，这句话具有一定的启示性，且结构简单紧凑，寓意丰富。对于这句话的翻译，不仅要表达出其表层含义，更要挖掘出这句话背后的深刻内涵。值得注意的是，在增译时要注意时间限制问题，译员需要做到在有限的时间内传达出准确、地道且能准确表述我国特色词汇的译文。

改译：One is from the external force. Jade can be polished by stones from other hills—advice from other may help one overcome his shortcomings, the other one is to look for the literary inspiration from the folk.

二、减译法

（一）减译法的概述

减译即根据译文需要，以及译入语读者的风俗习惯，惯用表达，句式结构，减去一些不必要的词汇，包括虚词、无用词等，汉语表达往往用重复来起强调作用，但翻译成英文时，常常会结合英文忌重复的特点，把意思重复的词减去不译，以避免译文累赘。但是并不能随意减译，不能改变原文表达的意义。减译的作用有以下几点：首先，揭示原文面貌，简洁再现原文意义。其次，避免语句拖拉无重点。汉语经常会出现同义词叠放在一起做成语的现象，也会出现一些偏正结构的现象，减译法对重复的词语进行减译，很大程度上避免了文章意义重复。

减译大多是以避免译文累赘为目的，在句法和语法上进行调整，以求译文更加流畅通顺。在外国学者的研究中，减译不仅是为了追求译文的流畅，而是会根据翻译时的具体情况对原文信息进行词句的减译。

（二）减译法的应用

以下以莫言的话语为例来说明如何使用减译法：

【示例】我后边像是《丰乳肥臀》《檀香刑》这些小说，也都是在新历史主义命题下的继续的往前发展。

译文：My later work like Big Breasts and Wide Hips and Sandalwood Penalty are all continuing development under the proposition of New Historicism.

分析：源语中“新历史主义”本就是一个概念、一个命题。范畴词“命题”的使用虽道出了“新历史主义”的性质，符合汉语表达习惯，但没有实际意义，故属于冗余信息。改译采用减译策略，只译出中心词“New Historicism”即可。

改译：My later novels like Big Breasts and Wide Hips and Sandalwood Penalty are fruits of the New Historicism.

【示例】我想还是尽量减少这种炫技的成分，尽量使作品回归一种朴素的叙述，所以最终还是采用了书信体的结构。

译文：I would like to avoid showing off my expertise, and narrate it in a plain manner. Therefore, I chose epistolary style structure.

分析：源语中“书信体”指的是以第一人称讲述故事的形式。中文表达习惯将范畴词置后，对前面的名词再次加以概括，这样虽符合汉语母语者的表达习惯，但在此范畴词“结构”并没有给出实际信息，故属于语义冗余，在优化译文做减译处理，译者只需译出中心词“epistolary style”即可。

改译：I thought it is better to avoid showing off my expertise, and tried to return the work to a simple narrative. Therefore, I chose the epistolary style.

【示例】因为我第一次来香港，我就发现香港带口字边的字特别多，所有的字儿都带着口字边，看了半天也是满头雾水，不知道说的是什么东西。

译文：It was the first time when I came to Hong Kong. I had found many words with radical “kou” in Hong Kong, which made me at a loss, and I didn’t know what they mean.

分析：作为世界上最古老的文字之一，汉字拥有6000多年的历史。汉字起源于象形文字，其文字构成大多都具有意象成分的存在，汉字主要是由偏旁、部首组成，“口字边”是中国汉字偏旁的一个分类，这一偏旁门类的构成正是因为其与“嘴”这一实物相符，具有浓厚的中国特色。但是在最初的译文中并没有进行详细的介绍，无法使外国人在有限的时间内使其脑海中形成该字的具体字形，同时根据句意可以看出莫言这段发言主要想强调很多香港字使其感到困惑。译文将“口字边的字特别多”处理为“many characters with radical kou”，但是这样的译文让不懂中国文字构成及中国文化的外国人仍然难以理解莫言所表述的内容，因此，这部分内容可以采取减译的方法，减去“口字边”这一表述。“满头雾水”作为一个日常生活中常常出现的四字词语，表示让人摸不着头脑，使人感到困惑、不解，与源语后半句“不知道说的是什么东西”在表意方面是一个意思，无需将两部分内容都进行翻译，否则会造成语意重复，且译文冗余赘述，因此可以对“看了半天也是满头雾水”这句话进行减译。

改译：It was the first time when I came to Hong Kong. I had found many Chinese characters in Hong Kong made me at a loss.

【示例】总而言之，香港公开大学授给我这个光荣的学位，让我不胜惶恐至极，感觉是浪得虚名，受之有愧。

译文：In a word, it made me abashed to receive the title and I thought I don’t deserve it when I heard the news that I would be awarded the honorable doctor degree by the Open University of Hong Kong.

分析：“不胜惶恐”“浪得虚名”“受之有愧”这三个成语都表示自谦、谦逊的意思。“不胜惶恐”指的是某人遇到一件令人高兴、兴奋的事情，因接受某种馈赠或感觉自己无法承受带来的荣耀与光环以至于达到难以承受且惶恐的程度。“浪得虚名”指的是自己实际能力与自己所获得的称号与名气并不相符。“受之有愧”是指因为接受某种奖赏或荣誉而感到惭愧。这三个词语在此处的作用是相同的，都是莫言在强调自己荣获香港公开大学荣誉文学博士学位而感到惶恐自谦的心情。因此，这三个词语无须都译出来，如果此处采用重复表达的方式，那么译文就会显得十分啰唆。为了使译文达到传达简洁、准确的目的，此处可以采用减译的方式，将三个词语表达的意思进行合并。但是由于对这三个成语理解不透彻的原因，最初的译文将其译为“it made me abashed to receive the title and I thought I don’t deserve it”，该译文其实与莫言所表述的真正心情适得其反，与源语所表述的意思并不一致，没有表述出莫言荣获荣誉文学博士学位时又激动兴奋，又惶恐自谦的心情。

改译：In a word, it’s a great honor to receive the title when I heard the news that I would be awarded the honorable doctor degree by the Open University of Hong Kong.

【示例】我从小就是一个非常爱说话的孩子，非常饶舌，在我们农村叫作炮孩子，放炮的炮，这个小孩儿就是说话无边无垠，特别地喜欢传话，特别地喜欢对人讲话。后来我写了小说叫《四十一炮》，里边就是一个炮孩子，其中也有我个人的一些经历。

译文：In fact, as a child, I was particularly willing to talk with other people, very talkative. In our village, this kind of kid was called pow kid, which referred that he talked boundless. He is fond of spreading gossip. Then, I wrote a novel called pow, in this novel I wrote a pow kid with my personal experiences.

分析：这段话中出现很多中国特色词汇，例如，“饶舌”“炮孩子”“无边无垠”。基于莫言已经在源语中对“炮孩子”这一中国特色词汇作出简要解释，且在译前准备术语表制作过程中了解到《四十一炮》一书译为“pow”，故此处将“炮孩子”译为“pow kid”，并对源语采用直译的方式进行翻译，但是统观译文，会发现有很多重复、冗余之处。“饶舌”是一种由黑人英语演变而来的音乐歌唱表现形式，但此处的“饶舌”颇具地方方言意味，意思是多嘴多舌，讲话唠叨。“炮孩子”一词也是个极具本土化的中国特色词汇。莫言在这段话中对这一词给出了清晰的释意。“炮孩子”是指爱多嘴多舌，总是滔滔不绝讲无用闲话的孩子。“无边无垠”原本是描述范围十分广阔，但显然这里并不能按照其表面含义进行翻译，此处结合具体语境理解，这里是指小孩子讲话没有顾忌，想说什么就说什么，与后半句“特别地喜欢传话，特别地喜欢对人讲话”表达的是同一个意思。总的来讲，这段话整体内容是莫言在对“炮孩子”做一个简短的介绍，并讲述《四十一炮》所产生的一个背景。此处可以采用减译的方法，“饶舌”与“无边无垠”的内涵均已包含在对“炮孩子”的介绍之中。因此，可以对“饶舌”及“无边无垠”两处采取减译的方式处理。

改译：In fact, as a child, I was particularly willing to talk with other people. In our village, this kind of kid was called pow kid, who is fond of spreading gossip. Later, I wrote a novel called pow with my personal experiences.

【示例】我觉得第一个想法就是我不要把战争当作我唯一的写作的目的。

译文：I think I would not take war as my only subject.

分析：源语中“我觉得”为讲话人的口头禅，目的是引出下文自身观点，其本身并无实际含义，属于冗余信息。同传的工作模式讲求即时性，在有限时间内，译者要把精力放在后面具有实质性意义的信息上，即将作者自身观点描述清楚，对插入语进行减译处理。

改译：Firstly, I would not treat war as my only purpose of writing.

【示例】那么这种假大空的文风，实际上我想它上面可以追溯到我们的六朝那种文体是吧？

译文：This kind of writing style, featuring with fake, big and empty, in my opinion, can be traced back to the Six Dynasties.

分析：源语中“实际上我想”在此使用为讲话者自身表达习惯，也同时为自己预留出了思考的时间，但此插入语本身并无任何实质含义，为冗余信息。优化译文做了减译处理，这样在译文中主要信息就显得更加明确，译者也可以有条不紊地产出译语。

改译：This style, featuring with fake, broad and empty, can be traced back to the Six Dynasties.

【示例】我想从 1979 年之后，我们新时期文学的 30 年来，那么关于历史题材的小说实际上应该占了一个相当大的比重。

译文：In my opinion, since 1979, during the three decades of new literature, the historical novel actually accounts for a large proportion.

分析：源语中“我想”是作者的口头禅，目的是引出下文，同时给自己预留思考时间，“实际上应该”后摆明了新历史主义小说占比大的事实，这类插入语本身没有实际意义，属于冗余信息。优化译文对其进行减译处理对原文句意没有影响。此外，优化译文用“considerable”代替“large”更符合语境，暗示了相比较而言，新历史主义小说占比大的事实。

改译：From 1979 until now, during the three decades of our new era literature, the historical novel accounts for a considerable proportion.

在上述例子中，讲话者使用插入语可以达到语义连贯的效果，但没有传递出新信息，故为冗余信息。在进行翻译的时候，要着重传递主要信息，而对于冗余信息，译者应有意识地对其进行简化处理，转而把精力放在关键信息处。

第二节　重译法与分译法

一、重译法

（一）重译法的概述

为了使语言简练，避免行文单调，英语经常在同一句子当中省略重复使用的动词，有时一个动词接几个宾语（或几个表语），或大量使用代词以避免相同名词的重复。在汉语中，为了凸显某种意思或增强感情的表达，会较多地使用同义词或同一个词语反复出现，从而给读者以深刻的印象。在翻译中为了体现风格的对等，就要采用重复译法处理这一语言表达上的差异。

（二）重译法的应用

1. 重译几个动词共有的宾语

【示例】We should learn how to analyze and solve problems.

译文：我们应该学会分析问题和解决问题。

2. 重译代词

【示例】He hated failure；he had conquered it all his life, risen above it and despised it in others.

译文：他讨厌失败，他一生中曾战胜失败，超越失败，并且藐视别人的失败。

3. 重译动词

英语句子常用一个动词连接几个宾语或表语，在译文中常常需要重译动词。重译动词分以下两类情况：

（1）近义词或同义词的反复

【示例】He wanted to send them more aid, more weapons and a few more men.

译文：他想给他们增加一些援助，增添一些武器，增派一些人员。

分析：译文中用“增加”“增添”“增派”三个近义词对应原文中的 send，使得译文更加符合汉语的搭配习惯。

（2）同一词语的反复

【示例】The blow hurt not only his hands but his shoulder too.

译文：这一下不仅震痛了他的手，也震痛了他的肩膀。

分析：有时，英语句子中动词相同，只重复介词（或只变换介词），在文中通常要重译动词。

4. 修辞性重译

为了使译文语言生动活泼、语势得到加强等，英汉翻译时可以采用重复译法。汉语中词的重叠和四字对偶等便是借助重复这一修辞手段。这是汉语的一大优势，恰当地利用这种修辞，可以有效地发挥译文优势。

【示例】Despite the great age gap between them, an instant affinity asserted itself.

译文：尽管他们两人年龄很不相当，但是情投意合，一见如故。

二、分译法

（一）分译法的概述

由于英汉语言差异，英语多长句，而汉语句子较为短小精简，译者在翻译的过程中应当灵活采用不同的翻译方法与技巧，使得句子更加简洁易懂。其中，分译法就是将原句中的词、短语或较长的从句单独译成一句话，以确保译文不会晦涩难懂，文章脉络更加清晰。

当汉语的句子比较长，或是结构比较复杂的复句时，翻译成英语可采用断句分译的方法处理，这样既能使译文简洁、易懂、层次分明，又符合英语表达习惯。

（二）分译法的应用

1. 句子分译

句子分译是分译法的主要内容，通常有以下几种情况：

第一，一个长句包含作者的多步逻辑推理，英汉翻译时，可用分译法。

第二，当修饰主语的成分，特别是非限制性定语从句太长时，要使用分译法。

第三，宾语修饰成分太长时需要分译。

第四，当状语太长而硬译成一句则读起来不通顺，或不容易理解时，应该分译。

第五，一个长句的从句实际上起着过渡或承上启下的作用，也就是说这个从句可以帮助长句的前一部分向后一部分过渡，这时要分译出来。

第六，含定语从句的句子，除少数情况外，这类句子都是长句。在英汉互译时，特别是在英译汉中，如能将定语从句译成前置定语，则尽量避免其他译法；如译成前置定语不合适，则按其他方法翻译，一般是分译成另外一个独立的句子或另一种从句，如状语从句等。

2. 单词分译

（1）单词语义分译

英语中有些单词的语义呈综合型，即一个词内集合了几个语义成分，译成汉语时，不易找到合适的对等词，很难将其词义全部表达出来。这种情况，汉译时可采用分析型，即“扩展”型的方法分译原语，将其语义成分分布到几个不同的词语上。

【示例】That little pink-faced chit Amelia with not half any sense, has ten thousand pounds and an establishment secure.

译文：爱米丽亚那粉红脸的小不点儿，还没有我一半懂事，倒有一万镑财产，住宅、家具、奴仆一应俱全。

分析：此例中的主语很长，由中心词“chit Amelia”加其前的一个形容词短语和其后的一个介词短语构成。在汉语中，很难找到这样一个较长的主语与之对应。因此，汉译时，只好将其拆分为两个分句，语义也随之分为了“小不点儿”和“懂事”这两个重心。

（2）单词搭配分译

英语中有些词语间的搭配关系颇有特点，汉译时要打破原文的结构，按照汉语习惯，将有关词语分别译出。

【示例】She had such a kindly, smiling, tender, gentle, generous heart of her own…

译文：她心地厚道，性格温柔可亲，肚量大，为人又乐观……

分析：此例中“heart”一词被分译成“心地”“性格”“肚量”“为人”四个词，再与它前面的五个形容词搭配。

（3）灵活对等分译

英语中有些单词，如按其在句中的位置机械地译成汉语，往往容易出现意义不够明确的问题。遇到这类情况，应采用灵活对等分译，不拘泥于形式对应，尽量使译文读者对译文的反应等值于原文读者对原文的反应。

【示例】Thus it was that our little romantic friend formed visions of the future for herself…

译文：我们的小朋友一脑袋幻想，憧憬着美丽的将来……

分析：如果逐字译成“我们的浪漫的小朋友憧憬着未来……”，并不能算错，但意思不甚明了，因为“浪漫”一词在汉语中的含义较多。此处为“想入非非”，所以译成“一脑袋幻想”较为明确，既突出了人物性格，又避免了翻译腔。

（4）修辞性词语分译

在翻译时有时候会为了达到修辞效果对单词进行分译。

【示例】And in their further disputes she always returned to this point, “Get me a situation——we hate each other, and I am ready to go.”

译文：从此以后，她们每拌一次嘴，她就回到老题目，说道：“给我找个事情，反正咱们你恨我，我嫌你，我愿意走。”

分析：一个 hate 分译成“恨”与“嫌”两个字，使得译文生动，读者似乎如见其人，如闻其声。

第三节　意译法与回译法

一、意译法

（一）意译法的概述

意译是指在领会源语的深层内涵后，将源语内容所包含的表面信息译为目标语的表层信息，目的是再现源语的深层含义，传达源语包含的真实信息，是一种脱离源语形式的翻译策略。对于一些具有深厚中国文化内涵的表达，采用直译的方法只能表述其浅层含义，若是辅以解释说明，则翻译内容略显冗余，此时可以采用意译的方式，译出源语信息中包含的深层含义。

意译法是归化翻译策略指导下译者广泛使用的翻译方法。“意译是指用目的语语言中功能与原文相同或相似的表达方式，来代替原著中因两种语言不同而无法保留的内容与形式之间的相互关系，尽量保留原作内容而且与原作风格相适应。”中西双方由于在自然生态环境、宗教信仰、历史发展进程以及民族思维方式等方面存在着较大差异，这使中西方的语言在词汇、语法、修辞表达等方面也存在很大的区别。因此，当汉语原文的含义较为复杂、抽象，很难使用异化策略的翻译方法时，译者可以考虑采取意译法，重在向读者传递原文内容，而忽略原文的形式传递。

（二）意译法的应用

以下以莫言的话语为例分析意译法的应用：

【示例】今年前不久参加过两三个关于文学讨论的会议，去的时候咬牙切齿地说打死我也不说，但是一旦开会开到半截的时候就会按捺不住地跳起来又要乱说话。

译文：Not long ago, I attended several conferences about literature in the mainland China. Before the conference, I told myself I won't speak a single word even I was beaten to death. But during it, I could not help talking a lot.

分析："打死我也不说"作为一句具有中国本土特色的俗语，表示的意思是守口如瓶，不会轻易透露消息，从这里可以看出莫言想少说话的决心。这里采用直译的方式并没有达到有效传递发言人讲话信息的目的，会让外国听众对此产生歧义。因此，此处可以使用意译的方式，表达莫言希望自己少讲话的期望。

改译：Not long ago, I attended several conferences about literature in the mainland China. Before the conference, I told myself never talk too much. But during it, I could not help talking a lot.

【示例】我们在 1985 年读了马尔克斯的时候也是这样说："小说原来可以这样。"而且感觉到非常遗憾，我就说："原来这就是好小说，早知如此，哪有他的份？"我们高密东北很多流传的神奇故事比他拉丁美洲的一点儿都不差嘛。但是如果我们也按照他那种方式来操作的话，那就是二流货色，只能是跟在人家后边爬行。

译文：When we read Marquez' s novels in 1985, we said, "The novel could be written like that". I felt very shamed and said, "All of these were excellent novels, I could also write good novels". Many stories in Gaomi township were not worsen than those of Latin America. But if we wrote novels in that way, then we were the inferior.

分析："早知如此，哪有他的份"这句颇具口语和本土化的语言是莫言对自己的一句玩笑话。意为如果能够写出这样神奇的故事就是好小说的标准，那么他也可以写出来。但是最初的译文没有能将这句话的深刻含义表达出来，即对于知道好小说标准这件事情过晚的遗憾。因此，为了更好地展现出莫言遗憾的心情，此处采用意译的方式，改译为"All of these were excellent novels, if I had read them earlier, I could also have written good novels like them"。除此之外，"二流货色""跟在人家后边爬行"这些都是具有中国特色的俗语，分别意为价值不高的著作、思想或是言论，处处追随别人并加以模仿。这两个短句的主要意思都是在表达没有自己的风格，小说形式都要模仿别人。因此，译文对于“二流货色”和“跟在人家后边爬行”理解有偏差。可以将其采用意译的方式，译为“But if we wrote novels in that way, then we followed them”。

改译：When we read Marquezs novels in 1985, we said, “The novel could be written like that” . I felt very shamed and said, “All of these were excellent novels, if I had read them earlier, I could also have written good novels like them” . Many stories in Gao mi township were as good as those of Latin America. But if we wrote novels in that way, then we followed them.

二、回译法

（一）回译法的概述

所谓回译就是将语言 A 的译文 B 再翻译成语言 A 的翻译形式，在中英翻译中将英文作品的中文译文再度翻译成英文的过程就是回译。虽然这种方法仍然属于比较新颖的翻译方式，但是因其效果显著而得到了业内人士的关注。现阶段，回译主要可被应用于以下几个方面：

首先，反哺民族文化。如今，我国软实力水平不断提升，国力的增强让文化输出变得更加高效，而在此情况之下，越来越多的汉语作品被翻译成英语，在彰显了中华文化价值的同时，国内翻译者所面对的回译可能性也在不断提高，回译成为促进中外文化交流的重要手段。在回译的作用下，将产生更多的“杂糅文化”，不仅能让跨文化交流更加便捷，还能实现对我国原有文化的反哺。

其次，提高翻译教学水平。回译方法的应用，具备极强的检验能力，能帮助译者检查译文漏洞和文化差异。而且，在这种语言转换之下，翻译人员能更为清晰地了解到中外语言文化的区别，实现深入对比和分析，能为提高他们翻译用语的准确性而提供辅助。

最后，促进深化研究。在各领域研究中，回译都能以辅助研究手段的身份出现。在实用环节，以原本的译文作为原文开展翻译工作，而后将原文与回译后的译文进行直接比对，更有助于发现规律、找出重点，可以发挥出十分有效的辅助研究作用。

（二）回译法的应用

受传统主体思维的影响，汉语句子往往从自我出发来叙述客观事物，常采取人称叙述。英语句子的主语在很多情况下可以由抽象名词或句子来承担。

【示例】今年让我们以新角度看待事物。

原文：This year has put things into perspective.

回译：Let’s see things in a new perspective this year.

英语原句使用了物称主语 This year，因此，在汉语译文中添加了“我们”一词使句意更加完整。但是在回译的时候，多数学生会按照汉语的表达习惯，使用人称主语来翻译英文句子。因此，回译的句子显得生硬。

主语在英汉语言中的地位和功能也不相同。英语注重语法结构及形式上的主语，而汉语重视语义上的连贯，非常依赖语境来表达具体意义，主语与谓语之间没有太多的关联。

【示例】我们面对困难任务一开始的态度，比所有其他因素更能影响成功的结果。

原文：It is our attitude at the beginning of a difficult task which, more than anything else, will affect its successful outcome.

回译：More than any other factor, the way we begin a difficult task affects the outcome of our success.

英语常使用 it 为形式主语使用强调句，将重要的信息表语化并置于句首进行凸显。

在句型选择上，多数学习者受到汉语表达方式的影响，译出的英文句子往往不够地道。在英语复合句中，主句通常在从句之前，因此，英语句子的重心通常蕴含在句子主干之中。与此相反，受到顺向思维的影响，汉语句子习惯将背景信息先行叙述，再按照逻辑和时间顺序逐步过渡到主体事件。

【示例】奇迹般地，为了不让我和朋友们聊天儿，我的老师克里斯托弗夫人要求我坐在前排，这就解决了我的难题。

原文：Miraculously, my teacher Mrs.Christopher solved my dilemma when she demanded that I sit in the front row so I couldn’t chat with my friends.

回译：Miraculously, in order not to talk to my friends, my teacher, Mrs.Christopher asked me to sit in the front row, which solved my problem.

英原文的重点信息位于句首，主干信息为“Mrs.Christopher solved my dilemma”，后接时间状语和结果状语从句。学生的回译文显然是受到中译文及汉语思维的影响，按照先因后果的逻辑顺序先将目的状语译出，之后才是句子的主干“Mrs.Christopher asked me to sit in the front row”，最后用非限定性定语从句“which solved my problem”来表示结果。

第八章　基于文化视角的英语翻译策略——以莫言作品为例

在莫言的翻译作品中，包含了很多翻译策略。本章分为莫言英译作品译介主体、莫言英译作品译介内容、莫言英译作品译介途径、莫言英译作品译介受众、莫言英译作品译介效果三部分，主要包括葛浩文译莫言作品时主体性对文本的“操控”、译介内容、译介途径介绍、莫言英译作品的海外传播、基于译介途径的翻译策略、译介受众、基于受众的翻译策略、译介效果、基于译介效果的翻译策略等内容。

第一节　莫言英译作品译介主体

一、莫言

莫言，原名管谟业，1955 年 2 月 17 日生于山东省高密县大栏乡平安庄的一户普通人家，21 岁时应征入伍，1985 年加入中国作家协会。21 世纪，创作之余，莫言开始参加国际性的文化交流活动，其作品斩获多项国际大奖。2011 年，他当选为中国作家协会副主席。2012 年 10 月 11 日，莫言获得诺贝尔文学奖，成为闻名世界的当代中国作家。莫言的文学创作扎根于民族的文化土壤，同时又吸收世界文学养分，其文学创作历程可分为初探文坛、借鉴模仿、卓尔独行三个阶段。莫言早期的文学创作题材有限，写作风格“大众化”，是对中国文坛初探并慢慢成长的阶段。中期，他受到一些国外作家影响，魔幻现实主义写作手法丰富了他的创作。莫言后期的小说创作已形成个人风格，文学创作丰硕饱满。

国外对莫言作品的研究主要有三波热潮：第一波热潮是 1987 年我国导演张艺谋根据莫言同名小说导演的电影《红高粱》获得柏林国际电影节金熊奖；第二波热潮是 2000—2012 年，莫言作为高产作家，获奖无数，引起更多国外学者的兴趣和重视；第三波热潮是 2012 年莫言获得诺贝尔文学奖，从此对莫言作品的海外研究与日剧增。

1987 年，《红高粱》的发表为莫言赢得第一个文学大奖“第四届全国中篇小说奖”。1988 年，由张艺谋导演的莫言同名小说《红高粱》获柏林国际电影节金熊奖，《红高粱》因获奖而名扬四海，同名小说《红高粱》也颇受国外学者高度重视。该奖项的获得大大推动莫言文学作品走向世界，莫言对此直言：“张艺谋和陈凯歌为中国文学走向世界开辟了光明大道。”从 1989 年开始，《红高粱》被陆续翻译到海外，由美籍汉学家葛浩文（Howard Goldblatt）翻译的英文版译本引起海外翻译界和文学界的重视。1986 年起，葛浩文陆续翻译莫言的多部作品，为莫言作品在海外的传播开辟先河。如果没有葛浩文对莫言作品的英译，恐怕莫言文学短时间内难以深入西方。

2000 年，莫言获得第八届《小说月报》百花奖，此后小说高质、高产，越来越多的作品引起海外学者的重视。葛浩文继《红高粱》之后，陆续翻译了《天堂蒜薹之歌》《酒国》《丰乳肥臀》《生死疲劳》。

2012 年 10 月 11 日，莫言获得诺贝尔文学奖。其创作风格深受卡夫卡、福克纳和马尔克斯等世界文学大师的影响，因此深受西方受众认可，加之作品中承载着中国当代现实问题，让西方读者通过可接受的叙述风格进而接受中国文学，通过中国的文学看待中国现实。诺贝尔文学奖的获得就是世界文学对莫言作品和中国文化的肯定，莫言于整个世界而言成为文学传播的源头，诺贝尔文学奖则成为有效的传播媒介，获奖前已产生影响的地区对莫言进行更加深入的探讨和研究。其中，西方汉学家是莫言文学海外研究的主要群体。这些汉学家通常也是翻译家、文学家、评论家，在文学界具有一定的社会影响力。他们以扎实的双语基础，有效发挥文学的传播能力，其研究内容涉及乡土、农民、中外文化碰撞、文学的政治批评、人物的象征意义和比较文学研究等领域。之后，小语种国家和地区也开启了莫言文学研究的热潮。与此同时，国际书展、西方主流学术杂志、西方主流媒体、海外图书馆馆藏、国际网络销售平台等多种途径都为西方文学界学者对莫言作品的研究提供平台。日本作家大江健三郎曾说："21世纪的文学理应属于中国作家莫言。"海外的传播和多语言的介入，使莫言的文学作品的研究在翻译领域深入发展。

学术论文的研究载体以期刊、报纸、硕博士论文为主，据不完全统计，期刊论文的数量很高，超过文献总数的一半。在学术论文发表的时间和数量上，由莫言的弟子程春梅、于红珍主编的《莫言研究硕博论文选编》是莫言研究史上第一部硕博论文选，其中提及1994年第一篇有关莫言研究的硕士论文问世。于红珍在《莫言研究三十年硕士博士论文综论》中指出，从1997年起，莫言文学作品真正成为高校硕博士论文的研究对象。在权威学术检索数据库中国知网中以"莫言"为检索词，搜索有关莫言研究的硕博士论文，发现第一篇硕士论文始于2000年，从2000年至2012年，年均相关论文数不超过50篇。2012年，在莫言获得诺贝尔文学奖之后，有关莫言的硕博士论文急剧上升。同样，期刊论文的发表数量也以2012年为分界线，2012年以前年均发表量为三位数，2013年、2014年、2015年三年年均发表量急剧增长到四位数，可见诺贝尔文学奖的获得，大大推进了国内学者对莫言研究的进程。

1981年，莫言的第一篇短篇小说《春夜雨霏霏》发表于文学刊物《莲池》第五期，标志他开始走向文坛；1985—1990年的探索期，国内学者主要注重莫言小说的文体风格、人物形象等叙事技巧。1985年，莫言发表在《中国作家》第二期的中篇小说《透明的红萝卜》引起国内学术界和文学领域的关注；1986年，莫言在《人民文学》第三期发表的长篇小说《红高粱》震撼国内文学界，国内学者开始从主题内涵、艺术风格、语言特色、文体特征等方面探讨莫言的文学作品，对莫言作品的研究从文学领域逐渐拓展到学术领域，赞扬声络绎不绝，质疑声亦不绝于耳。1990—2000年的质疑期出现不少批判莫言文学作品的声音，同时批评的声音也对莫言日后的创作颇具影响。1995年，莫言的长篇小说《丰乳肥臀》问世，国内文坛对莫言及《丰乳肥臀》的言论掀起一片热潮，其中质疑和批判的评论达到高峰；2000—2012年的成熟期，猛烈的抨击声逐渐减弱，更多学者从学术分析的角度理性解读其作品，不少学术论文从小说的历史性、乡土性、苦难意识、民间意识和女性人物形象等作为研究的出发点。与此同时，作为中国的高产作家，莫言在此期间获奖无数，进一步推进国内外对其文学作品的解读，也进一步拓宽研究的领域。2012 年 10 月，莫言成为第一位获得诺贝尔文学奖的中国籍作家，该奖项的获得，丰富了国内外学者对莫言小说的学术研究。国内文学领域的学者对莫言作品的研究逐渐由文本的理性解读转向国外的读者接受。同时，诺贝尔文学奖的获得，推动文化产业的发展，莫言的家乡受到格外关注、莫言纪念馆新建而起、莫言故居成为旅游景点，相关文化产业的研究为莫言研究开辟了新的领域。

21 世纪以来，莫言的小说被翻译成几十个国家的语言，语言学领域的学者利用自身语言专业的优势对其国外译本、译本与原文本的对比进行研究，从而对翻译领域关于莫言文学作品、国外译本的研究产生很大影响。在翻译领域，国内学者从叙事学视角、图式理论视角、接受美学视角、生态学理论视角、女性主义视角分析莫言小说译本的翻译技巧和策略。

二、葛浩文

葛浩文是美国著名的汉学家，从事翻译工作几十年，在这期间一直笔耕不辍，翻译了五十几部中国作家的小说。被葛浩文先生翻译过的中国作家共有二十几位，包括张洁、萧红、老舍、王安忆、白先勇、莫言、苏童、贾平凹、李昂、陈若曦、杨绛、姜戎、毕飞宇和王朔等，尤以莫言和苏童的数量最多。葛浩文的翻译在尊重原文的基础上进行适当地增删改写，与传统的翻译相比增添了灵活性和创新性，独特的翻译风格使葛浩文译介的作品受到了世界范围内的关注，也为中国文学“走出去”和提高中国文学及作家的知名度作出了巨大的贡献。

葛浩文不仅投身于个人翻译，还致力于学术翻译。如他与美籍华裔学者刘绍铭共同编选的《哥伦比亚中国现代文学读本》是英语世界第一部以 20 世纪三种文类的中国文学为对象的书籍。美国夏威夷出版社出版，由葛浩文主编的《现代中国新小说系列》也属于学术翻译的一种。这种学术翻译模式通常都是由美国大学的出版社出版，目标读者是中国文学的研究者和学生。葛浩文还撰写了不少学术研究的评论文章，如鲁迅、莫言等作家的作品接受情况。除此之外，葛浩文还参与编写《中国现代文学与文化》文学类杂志，定期也会参加一些学术活动等。

对于翻译工作的理解与看法，葛浩文有着独特的思考。为了照顾西方读者的认知和口味，葛浩文尝试了多种多样的翻译策略。英国具有悠久历史和影响力的文学杂志 GRANTA 曾对葛浩文进行了专访。在访谈中，葛浩文提到在 1985 年第一次通过《1985 年的中国小说》知道和认识莫言及其作品的过程。他认为莫言的文笔很精彩，表现力很强且具有革命色彩。两三年后，葛浩文自己对莫言的《天堂蒜薹之歌》“一见钟情”，便主动给莫言发邮件表达想要译介这本书的强烈愿望。

葛浩文深谙中文与英语的不同，语法的不同使得翻译难度大大增加。葛浩文尽可能保留汉语中独特的意象和在中国流行的谚语，使得英译作品读起来通俗易懂又不失莫言原作的味道。面对大众所质疑的大多数西方读者对莫言作品中融合历史和神话故事的引用、典故、比喻等并不熟悉，很难对其作品产生理解和共鸣的问题，葛浩文提出了自己的看法。他认为大多数时候，最好是古色古香的引用历史的中国的“快乐的人”，他认为很多时候需要自己去权衡，“我权衡了向读者介绍每一个外来参考或概念的必要性”。中国的读者会将自己所熟悉的历史、文化、神话或政治引用在某个故事中，或将其以诗歌的形式穿插进来，外国读者并不会这样。这就需要作品翻译者在其中进行“加工”。葛浩文深刻意识到，随着自己对中国文化和文学实践认识的加深，翻译理论层面的东西是固定的，而深入到实践中是完全不同的。

此外，葛浩文也提到翻译不可能让各方都满意，它会受到来自很多方面的制约和影响，这也是一件令他头疼的事情。

三、葛浩文译莫言作品时主体性对文本的“操控”

自翻译理论家安德烈·勒菲弗尔在《翻译葛浩文译莫言作品时主体性对文本的“操控”、重写以及对文学名声的操控》一书中阐述了翻译始终受到诗学、意识形态和赞助人三种因素的操控以来，国内外有许多学者针对意识形态领域对翻译的影响，展开了大量的研究且收获颇丰，但此处的“操控”主要是突出译者在翻译文本的选材、内容、布局和策略选择中所起到的极其重要的作用，所以，葛浩文曾在接受采访时说道，“当你翻译文本时，拿走了原来的语言，换成了你自己的。虽然这不是一种强横，但我始终是夺走了原作并做了一些很糟糕的阐释。这是能让人人都阅读到文本的唯一方法。翻译者一直都在抱歉，我们用一生的时间说‘对不起’”。

从1988年到现在，葛浩文翻译了莫言在不同时期的作品。到目前为止，葛浩文共翻译了莫言的十一部作品。之所以喜欢译莫言的作品，在葛浩文看来，译者下笔要同时考量作者原意、读者喜好、编辑建议和自己的专业判断，在其中寻求平衡，受到的限制比作家多，而莫言对翻译的态度开放，给译者很大的发挥空间。也就是说，他在翻译莫言的作品时，寻求到了译者和作者的平衡，寻找到了作为译者的拓展空间。《红高粱家族》的翻译开创了葛浩文中译英翻译旅程的新篇章，是其翻译走向高峰的标志。因为《红高粱》是莫言第一部一译介到美国就进入商业运作流程的小说，所以，在翻译过程中，译者基于译入语读者的需要及对潜在市场的考虑，对文本进行了相应的变异，加之译者在读原文之前的固有观念、认知水平以及他不同于汉语的语言背景、政治观念、审美情趣、伦理价值等，不可避免地导致了译者在翻译时对文化的误读。虽然会使得译入语文化和源语文化相互包容，丰富译入语文化的题材和各种技巧，但对源语文化的有效传播和交际会产生一定的负面作用。

对《天堂蒜薹之歌》的翻译有一则广为流传的逸事，可以充分论证葛浩文在翻译莫言作品时体现出的译者主体能动性。当时莫言还是一位无名作家，据说一听到有外国人要翻译他的作品，开心得不得了。葛浩文觉得原文的结尾太过悲观，不合美国人的味口，就和莫言沟通，最终说服莫言修改，使得小说的英文版本呈现出了另一个结尾。

《生死疲劳》可以说是获奖颇丰的一部作品，因为其本身是根据中国民间的传说创作出来的关于世间生死轮回的反复，小说中的聚焦人物共经历了六度轮回，采用了“历史—家族”的叙事模式，人畜混杂、阴阳并存的叙事结构，而译者通过调适、置换、改编和对等四种曲径翻译的转述模式将其呈现给译入语读者，使其更能与译入语文化的意象相匹配，准确、形象且生动地表达源语的言外之意。因为翻译了诸多的作品，此处只探讨了三部比较有代表性的进行分析，阐述了葛浩文在翻译莫言作品时，为了使译作在译入语读者中有更高的接受度，实现更行之有效的传播与交流体现出的对译作的“操控”。

第二节　莫言英译作品译介内容

一、译介内容

（一）《红高粱家族》

《红高粱家族》是中国首位诺贝尔文学奖获得者莫言最负盛名的小说，据此改编的由巩俐、姜文主演的电影《红高粱》获第38届柏林国际电影节金熊奖。小说由《红高粱》《高粱酒》《高粱殡》《狗道》《奇死》五部组成。

《红高粱家族》通过第一人称“我”的叙述，向读者展现出抗日战争时期“我”的祖先在山东省高密东北乡中上演的一幕幕轰轰烈烈、英勇悲壮的故事。爷爷（余占鳌）、奶奶（戴凤莲）等先辈们在奋起抗击残暴的日本侵略者的同时，又迸发着让子孙后代相形见绌的传奇爱情故事。小说充满着丰富、饱满的想象，作者以汪洋恣肆之笔诠释了中华民族不屈不挠、旺盛的生命力，借此作品将“高密东北乡”安放在世界文学的版图上。莫言在小说中对故事的发生地“高密东北乡”作出这样一个描述：高密东北乡无疑是地球上最美丽、最丑陋，最超脱、最世俗，最圣洁、最龌龊，最英雄好汉、最王八蛋，最能喝酒、最能爱的地方。无论是从人性复杂性的凸显、叙事视角的多层次，还是色彩化和感觉化打破常规的语言都是一部当之无愧的奇作，激荡着异端与另类思想、散发着破坏力与创造力、隐含着复合与多层主题结构、给当代小说带来充沛的活力与变革因素，值得我们揣摩和研究。

小说《红高粱家族》是一部价值丰富的当代文学作品，具体表现在以下几方面：

第一，思想方面的价值。思想上最大的亮点在于作者在“高粱地”的原野意向中，创造出一种具有全新生命意义的民族形象。作品用一种极具表现力的方式，促使了人类对生命、人性、命运、民族精神、伦理等方面的深刻思考，去寻找民族文化的心理与精神力量。小说弥漫着一种刚烈、自由激昂的气息，使人有热血沸腾之感。

第二，文学方面的价值。小说以真实的描写、怪异的形式、漫长的实践震撼性地喊出了人的宣言，忧患文明社会的人性异化现象，并不意味着作者主张人类必须回到自然，从原始生命状态中去重获“野性的魅力”。描写出抗战英雄的真实性格，爷爷是既正义又野蛮的热血男子，奶奶是一个以退为进、以柔克刚的人道主义者，恋儿灵活应变、率性不羁。把英雄从“神”的云端拉回到“人”的世界是中国当代文学发展史上革命英雄传奇神话的历史终结的标签之一，对新时期小说的人物塑造有一定的启示。

（二）《天堂蒜薹之歌》

《天堂蒜薹之歌》是莫言早期创作的一部长篇小说，于 1988 年面世。这部作品的诞生很特别：20 世纪 80 年代，文坛上新的创作潮流此起彼伏，热闹非凡，“寻根”与“先锋”运动，莫言都躬逢其盛，而且游走其间，不拘一格，其间却因为受一社会事件刺激，毅然选择从瞩目的先锋舞台退场，回归现实主义，用 35 天写就《天堂蒜薹之歌》。然而创作上的巨大跨步使小说很快被流行势头淹没，莫言不得不承认：“我猛地在《红蝗》《欢乐》之后写了这么一篇，他们感觉我这一步也倒退得实在太大了，几乎没人来评价。”应当说这种状况对作家和作品而言都是可惜的。小说本身至少有两点值得强调：《天堂蒜薹之歌》虽然从创作时间看是莫言的第二部长篇，但此前的《红高粱家族》名为长篇，实际由系列中篇构成，可以说《天堂蒜薹之歌》是莫言第一部严格意义上的长篇；莫言本人对这部作品很看重，明确表示“我并不认为《愤怒的蒜薹》是我最好的一本小说，但毫无疑问是我最沉重的一本小说”，而且当下回看《天堂蒜薹之歌》，仍是一部风格特殊、寄意深刻的小说，莫言在创作起点处就显露了长篇小说创作的不凡才能，通过这部小说表达了对现实即时、深刻的审视。

（三）《丰乳肥臀》

《丰乳肥臀》真正执笔写作的时间仅有 83 天，但据莫言自己所说，这部小说的腹稿打了整整十年，从他在解放军艺术学院读书的时候就开始了。小说的创作灵感来自一尊有着丰肥的乳与臀、表达母系社会原始先民生殖崇拜的古老石雕像，它所散发出的朴素与庄严给了莫言一种冲击：“我每当回忆起这尊雕像，就感到莫名的激动，就感到跃跃欲试的创作的冲动，就仿佛捏住了艺术创作的根本。”这尊雕像在作家的脑海里留下的深刻印象是小说题名的最初由来。

在与王尧的长谈中，莫言曾谈起过《丰乳肥臀》的另一写作缘起。1990 年的秋天，莫言在北京积水潭站看到一位站在地铁通道台阶上哺乳的农村妇女，她手里一边一个地抱着两个孩子，正在给孩子喂奶。夕阳之下，她的面容显得特别凄凉、憔悴。莫言被这幅情景所打动，想要以此为主题写一部“很大的书”。最初的构思是要写一个一出生便备受溺爱、只能吃母乳，一辈子都没办法真正长大的男人的荒诞故事，这正是《丰乳肥臀》中上官金童的原型。最初的小说构想充满了象征主义和黑色幽默的意味，但内容比较单薄，无法容纳高密东北乡深沉而广博的历史。

直到1994年，莫言的母亲因病去世，他想写一部书献给母亲，却无从下笔。这时他想到几年前地铁上的所见所思，心中方才有了头绪——从“生育”开始写起，继而描绘出一位“高密东北乡”的女人一生所受的苦难，凝聚成一个时代的历史缩影。于是，这一年的春天，莫言在高密东北乡家中的老屋开始了《丰乳肥臀》的创作。在那样“一个狗在院子里大喊大叫、火在炉子里熊熊燃烧的地方”，莫言“夜以继日，醒着用手写，睡着用梦写，全身心投入三个月，中间除了去过两次教堂外，连大门都没迈出过，几乎是一鼓作气地写完了这部50万字的小说”。写到第五卷的时候，小说的整体结构在莫言的心中逐渐明晰起来，随着情节的深入，人物也开始脱离作者的控制，有了自己的性格。莫言觉得这部五十万字的作品不应该玩弄叙述和结构技巧，只得老老实实地写下去，并且在结尾处设置“逆转”，是一个“没有结构的结构”。在《丰乳肥臀》的创作期间，莫言竟然胖了整整十斤，可见《丰乳肥臀》的写作对于作者来说是多年的苦苦构思、酝酿的腹稿终于瓜熟蒂落，积淤在心中的情感得到了一次酣畅淋漓的宣泄。

《丰乳肥臀》于1995年9月完成。小说以抗日战争和解放战争为主要时代背景，以母亲上官鲁氏为主线，叙述了在充满战乱和饥饿的年代，一位高密东北乡的母亲在男权旧社会受尽欺凌，并遭遇种种不幸。母亲上官鲁氏年幼丧父，由叔伯抚养长大并嫁给没有生育能力的上官寿喜。结婚三年，上官鲁氏未给上官家生儿育女，受尽丈夫和婆婆的欺压凌辱，她先后和不同的男人生了八名女儿和一个儿子，母亲抚养儿女长大，继而再抚养儿女的下一代。女儿们长大嫁人有了各自的命运，主人公上官鲁氏一生在灾难和坎坷中蹉跎度过。小说《丰乳肥臀》跨时百年，从德国占领山东到改革开放，主人公上官鲁氏一生经历抗日战争、解放战争等中国近代史上大多数重要历史事件。正因为这样的叙事背景，《丰乳肥臀》

弥漫着浓厚的中国现代史气息，母亲和女儿们在战乱年代经历的血雨腥风、付出的惨痛代价和随时代变迁取得的缓慢进步正是当时中国底层人民苦苦挣扎、生生不息的写照。

1995 年，这部充满反讽艺术的文学作品问世，并于 1997 年获得“大家文学奖”，随之而来的不仅是学术界的关注和欣赏，同时也伴随着各种批评的声音。文坛学者和批评家们对莫言的《丰乳肥臀》议论纷纷、各抒己见，其观点泾渭分明、褒贬不一。莫言曾说，“丰乳和肥臀是最圣洁也是最朴素的物质形态，她孕育生命、象征大地”，小说名便由此而来。陈松直言莫言《丰乳肥臀》中的历史描写“缺少严谨的史实分析，而是充满愤激的杜撰”，对人性的描写更是“暴露各种变异形态”“试图将人性恶变的根源强加于历史进程中”；余立新将其理解为“倾斜的母性”；陶琬认为莫言“歪曲历史丑化现实”；汪德荣批评其“错误地描写历史”。在诸如此类的批评声中，不少国内学者深入文本，另辟蹊径，探究《丰乳肥臀》中强烈的生命意识。

此外，国内学者对小说《丰乳肥臀》的研究延伸至母性歌颂、苦难描写、政治研究、男性与女性、饥饿与生存、独特的艺术叙事、与西方文学作品的对比研究等领域，大大拓宽其研究纬度。张清华教授在《境外谈文》中称莫言的《丰乳肥臀》“是莫言迄今为止最好、最重要的小说”。这部多达 50 万字含 7 卷 63 个章节的小说不仅蕴含丰富的当代中国人物象征——近 30 个主要人物蕴含其中，其叙事背景和描写年代也蕴含丰富的中国近代史实和中国北方浓厚的乡土气息，这些因素给《丰乳肥臀》走向西方并被西方读者接受带来难度。

（四）《酒国》

《酒国》是莫言 1993 年出版的长篇讽刺小说。小说中的主角是一个叫丁钩儿的检察院侦查员，他接到任务去酒国市调查一件离奇的案件，有人举报说酒国市的官员涉及此案。丁钩儿在调查的过程中没有经得住诱惑，饮酒过度，本性大变，甚至到了杀人的地步，最后的结局也很可笑，醉酒后跌到茅坑里淹死了。

（五）《师傅越来越幽默》

《师傅越来越幽默》是中篇小说集，小说中的丁师傅是省级劳动模范，一生都在工厂里工作，在即将退休时，因为一次受伤，他的钱被掏空了。他把森林中废弃的巴士外壳改装成了“林间休闲小屋”，为人们提供了约会的地方。天气越来越凉，有一对情侣好像在“爱巢”中自杀了。丁师傅报警后，才知道原来是虚惊一场，车内其实空无一人。

（六）《生死疲劳》

《生死疲劳》是莫言于2005年写成的集宗教色彩、民间故事和魔幻传说于一体的一部超现实小说，全书由5部分共53章构成，主要讲述了地主西门闹轮回投胎后的生活经历，通过其以驴、牛、猪、狗、猴、人等为视角的自序经历，再现了中国从1950年至2000年半个世纪的历史面貌。整部作品通过作者的奇思妙想以及幽默风趣的语言，呈现出浓郁的乡土气息以及独特的审美内涵。

《生死疲劳》是莫言诸多文学作品中最能够代表个人“魔幻现实主义”创作风格的文学作品，相较于哥伦比亚作家加西亚·马尔克斯所创作的文学作品《百年孤独》，二者均对大跨度的历史进行了呈现。对20世纪50年代至半个世纪改革开放期间中国农村历史变迁的描写是莫言《生死疲劳》主要叙述内容，语言描写足够犀利，并没有避开当时中国社会背景下残酷、惨痛的农村社会现实，对当时社会背景下的真实现象进行了有力抨击。

（七）《变》

《变》是莫言2009年发表的中篇小说。这部作品是莫言记录自己经历的自传体小说，是莫言的回忆录，许多情节都是真实发生过的。作品中讲述了莫言自己从小学退学到参军，后来走上文学创作的道路，最后成名的故事。这部作品以他的亲身经历描述了中国的社会变迁。

（八）《檀香刑》

《檀香刑》在当代文学史上具有较为重要的地位。莫言在作品创作中，由于经历了长期的写作实践，逐渐形成了其特有的语言风格及语言特色。作品通过隐喻手法的运用，充分体现出作品的艺术特色。小说中的场面多样，例如，血腥残酷的杀戮、蓬勃生命的张扬等。通过多种情节的表述，使小说形成了喧闹、生存的对立场面，而且在政治文化角度下，作者通过人性扭曲及对变异内容的表述，体现出作者对人性的关注。因此，通过对莫言《檀香刑》内容的分析，莫言利用民间文化，通过对民间力量的运用，在隐喻角度对民间事件进行描述，并利用悲剧隐喻的交织结构，逐步完善了民间叙事与历史事件的融合，为小说作品的展示及艺术价值的传承提供了参考。

（九）《四十一炮》

《四十一炮》以20世纪90年代初农村改革为背景，通过看起来身体已经长大、但是精神、心理仍停留于少年时代的主人公罗小通狂欢化般的诉说，重构了人生的少年时光，抒写了农村改革初期两种势力、观念的激烈冲突，在揭示人性裂变的同时，写出了在是非标准、伦理道德上人们的混沌与迷茫。

（十）《蛙》

《蛙》于2009年出版，以新中国近60年农村生育史的起伏为背景，讲述了从事妇产科工作50余年的乡村女医生姑姑的人生经历，也反映出中国计划生育的艰难历程。《蛙》秉承了莫言乡土文学的一贯风格，以细腻的笔触、朴实的文字落角于中国社会的一隅。

二、基于译介内容的翻译策略

文学翻译似乎是在尝试不可为而为之的事，文学翻译中的不可译性往往使译作令人不知所云或不忍卒读，译作的可读性便成了紧要的问题，而实际阅读效果和对译作的接受程度又是不可分割的。从这个意义上讲，甚至可以说可读性的重要性并不亚于准确性。要实现可读性，达到传播文化的目的，翻译中的“创造性叛逆”常常是必需的。有学者认为，所有翻译实际上都是对原作的改写，它能使一位作者，一部或一系列作品的形象在另一种文化中得到成功的表现，就具有潜在的、巨大的影响，可以把那位作者或那些作品提高到超越其始源文化之界限的境地。例如，阿瑟·韦利（Arthur Waley）为了减少阅读阻力，提高可读性，在翻译《西游记》时，凡是遇到文化负载项，一律大刀阔斧地连删带改，书名改成了《猴子》，副标题是《中国的民俗小说》。《猴子》翻译失真情况严重，但行文畅达易懂，在当时起到了推动中国文化在西方传播的作用。晚清时期，为了唤醒更多的读者，保证译文的可读性，译者对外来作品大多随心所欲地进行归化，不仅仅删除，还要加内容、发议论，甚至创造人物，给小说人物安排新的台词。在那个特定的历史时期，这样的翻译也是起到了开启民智、传播外来文化的目的。事实上，“所有的翻译都意味着出于某种目的而对原文某种程度上的操纵”。文学的母本和译本之间不可能是尺码相当的等量关系，即便是最优秀的翻译，由于语言、文化以及其他种种社会性因素的差异，使译本努力保有与母本大致体貌的同时，也必会出现程度不一的变形和扭曲。诚如意大利谚语所说“翻译即背叛”、斯泰纳（Steiner）所说“百分之九十的翻译都是不完备的”。一方面，好的作品只有通过翻译才能突破空间和时间的限制，拥有更多读者；另一方面，只要踏入另外一种语言，作品就会改变，就会走样，是翻译就如此。而且，翻译中的背叛改写不仅使一位作家或作品的形象在另一种文学中得到表现，或无法达到这种境地，还会深深地影响文学体系的相互渗透。

葛浩文把翻译当成重新创作的过程，说：“作者是为中国人写作，而我是为外国人翻译……我喜欢拿中文读，用英文写。”葛浩文的翻译是“创造性叛逆”，是一种文化改写和文化操纵。

“背叛”与“重写”是葛浩文翻译的必要手段。为了确保译文的可读性，葛浩文在翻译中大量采取了删减、添加、改写、归化等以目标语为中心的翻译策略，在转换过程中有着大量信息的失落、变形、增添、扩伸等。戴乃迭这样评价葛浩文的翻译：他让中国文学披上了当代英美文学的色彩。葛浩文翻译策略的选择是基于他以译入语为主的文化立场、基于他对译入语文化和读者的理解。他曾经幽默地说：我这样做（改写）并没有改变作品的质量，改变的只是它的销量。

第三节 莫言英译作品译介途径

一、译介途径

（一）译介途径介绍

1. 海外出版社

莫言英译作品都是由海外出版社出版。对于莫言的小说，美国兰登书屋 1989 年出版了在《春笋：中国当代短篇小说选》中的莫言的短篇小说《枯河》，之后分别由拱廊出版社、海鸥图书、维京出版公司、格罗夫出版公司以及哥伦比亚大学出版社和俄克拉荷马大学出版社等出版了莫言的多部小说著作。

企鹅出版集团是美国主要的贸易图书出版商之一，它的印刷品历史悠久，可追溯至 19 世纪，现如今已经成为世界范围内首屈一指的图书出版商。企鹅出版集团本着相信文学能激发想象力、引导心灵的宗旨，认真地挑选优秀的作品提供给读者，注重受众的品位和兴趣。美国翻译家埃里克·阿布拉汗（Eric Abrahamsen）在中国生活了十几个年头，也是自发组织的博客网站（Paper Republic）的创始人之一，在为企鹅出版集团选编中国当代短篇小说集时说道："我来选编和中国人自己选编会有所不同，你们认为好的我不一定选，我选的你们也许会觉得有点儿意外。但毕竟是给英语国家的读者阅读，企鹅公司看重的也是我这个美国人的感觉。"长期生活在中国的埃里克·阿布拉汗致力于为中西文化的交流而努力着，他阅读了大量中国作家的作品后得出结论，他认为中国优秀的作品有很多，碍于一些客观因素限制了中国小说的海外传播。

2. 电影

从电影的产生开始算起，它距今只有一百多年的历史，是一门年轻的艺术。真正的电影艺术在发展过程中经历过三次重大技术革命，分别是从无声到有声、从黑白到彩色和进入高科技时代。所以说，这不仅是一门年轻的艺术，而且还是发展最快的艺术形式之一。

电影具有影像、声音、音乐等多种形式的表达方式，相对于文字而言，更易于被大众接受，是一种具有普适性的文化产品。庞大的电影市场，往往能产生很好的广告效果，能快速推动海外对原著的翻译出版，同时，以文学作品为基础的电影，也能更好地传达文学作品的内在价值，促进文化认同，推动文学传播。中国文学与由其所拍摄的影片在国外的传播与影响是相辅相成的，优秀的文学作品为影片的成功打下了坚实的基础；通过影片的成功经营与推广，可以产生一系列的连锁效应，有助于打破文学作品在文化认同上的壁垒，促进海外翻译和出版事业的发展。

新时期以来，中国电影界掀起了一股改编文学作品的新浪潮，各类由文学作品改编的电影层出不穷。

文学作品的影视改编是对作为源小说文本的一系列复杂操作，如节选、扩充或删除等。源小说被视作从一种媒介、一种历史语境、一种社会环境中产生的表达方式，改编电影则是它在不同环境下通过不同媒介所进行的相同展示。在电影发展史上，大家对于改编的方式一直存在多种观点，其中，安德烈·巴赞（Andre Bazin）的“忠于原著论”和贝拉·巴拉兹（Bella Balazs）的“素材论”较有代表性和话题性。相较于巴拉兹“素材论”所认为的“小说改编成电影的过程中，仅把原著内容当成原始素材，而忽略该素材已有的形式”这一观点的局限性，巴赞倡导的“忠于原著论”更具接受度。巴赞所说的“忠实于原著”指的是忠实于作品的精神内核，不拘泥于具体内容上的照本宣科，以电影的视角还原小说文本的“神韵”。

1988 年，张艺谋根据小说《红高粱家族》改编的电影《红高粱》获得摘得第 38 届柏林国际电影节金熊奖，该电影 1993 年推出英文版、德文版。拱廊出版社 2004 年在出版莫言的《丰乳肥臀》时，出版商仍不忘在推介中提到《红高粱》小说和电影，以唤起人们曾经对莫言的记忆。电影对文学的传播起到了聚光灯的效应，让海外读者有机会关注我国作家作品，提高读者对这些作家作品的阅读兴趣。

3. 大众媒介

纵观人类传播发展史，综合媒介的传播方式、主要载体和传播能力等，可以按照不同媒介使用比重程度的变化将其兴衰发展分为五个时代：口头传播时代、文字传播时代、印刷品传播时代、电子媒介传播时代和互联网传播时代，其中，口头传播是人类传播活动的第一个历史阶段。在久远的原始社会时期，人类通过漫长的岁月洗礼和艰苦斗争，经过数代的演变与进化，大脑逐渐获得发育和启迪，并变得越来越发达。随之得到变化和发展的还有人类的发音器官和制造声音的行为，从简单的制造响动，再到伴随思维能力的声音系统，语言就是在这种情况下诞生了。因为不需要借助任何复杂的外部资源，口耳相传的声音传播就成了人类历史上最初的信息传播渠道和唯一形式。再后来，人类的文明不断开化，随着部落的聚集和城邦的建立，人与人相互沟通的愈加频繁和复杂，系统的语言也逐渐形成，并成了同一部落或城邦中成员彼此联系和沟通的基本纽带。

文字传播不同于口头传播，它使语言得以以有形的客观形态保存下来，不仅使得信息的保留时间更长，同时也大大提升了传播的范围。因为文字传播摆脱了口头传播必须口耳相传、人人在位的限制，文字所记载的信息可以长期保留并流传下来，因此人类的文明和经验逐渐得到积累，这在无形中促进了人类文明的进一步发展和壮大。一直到电子媒介时代来临之前，文字传播都是远距离传播和记录历史信息的唯一媒介手段，这在我国丰富的历史文化和文学遗产中可见一斑：诗圣杜甫叹息家国动荡，可怜山河破碎，曾写下“家书抵万金”的千古名句；文天祥在漂泊他乡、孤立无援时也曾书写出“留取丹心照汗青”的豪言壮语。此外还有罄竹难书、铁画银钩、名垂青史等成语都能够证明文字传播在人类发展史上的重要地位和辉煌成就。

印刷术可以说是人类近代文明的先驱和向导，它的出现不仅为知识的广泛传播、交流创造了条件和可能，还是印刷传播时代主要标志产品——报纸和杂志的技术基础。印刷品传播的最大优势在于减少了文字传播的人力消耗，使得文字这种载体通过复制具备了更广阔的影响力和传播力。报纸作为普及范围最广泛的印刷类大众传播媒介，曾经一度是公众以及企业最为偏爱的传统媒介载体之一，这不仅是因为它具有信息详细性以及信息内容可选性，还因为其能够满足人类对于低成本长期保留信息的需要。除此之外，报纸作为大众传播的重要载体，还具备反映和引导社会舆论的重要功能。印刷品传播时代的另一位重要角色是杂志，它的起源则更为有趣。杂志最初是来源于工人罢工、学生罢课和战时征兵宣传所用的小册子。这种注重时效性的宣传产品，往往针对一类特定的人群，配以更加明晰简洁的信息和精准动人的讲述，依靠特定的内容和专业的评论，以达到吸引和影响具有相对专业的受众人群行为的目的。也正因如此，虽然杂志的发行数量和受众体量较报纸而言只是九牛一毛，但对受众的影响力和报纸不相上下。

到了第二次工业革命之后，媒介形式又迎来了一次翻天覆地的变化。19 世纪 60 年代中后期，随着电气时代的到来，各种电子媒介也似雨后春笋般层出不穷。无线电广播、收音机、磁带、胶片放映机、电视等电子媒介纷纷成为那个时代的新宠。电子媒介因为具有传播速度更快、传播范围更广、传播效果更直接等特点，获得了无数受众的接纳与喜爱，瞬间成为大众传播的又一主要阵地。在当时，传播学界一般将大众媒介分为两大类：印刷品媒介和电子媒介。前者的载体包括书籍、报纸、杂志等媒介产品，而后者则以无线电、电视等作为媒介产品的重要代表。

互联网的发明是人类科技发展史上一座重要的里程碑，同时也是人类信息传播技术的一次重要改革。随着信息技术的不断发展以及智能终端设备的广泛普及，互联网现有的功能早已经远远超出人们的预期和想象，越来越广泛的波及和牵扯造就了其传播媒介的最终形态。顾名思义，互联网传播时代的主要媒介载体为互联网，传播媒介的主力军是网络媒介。

网络媒介作为20世纪中叶以来最重要的信息传播形式，集人际传播、大众传播、群体传播、组织传播于一体。互联网颠覆了人类对于信息传播的观念、内容和方式，不但改变了人们消费和使用信息的行为习惯，还从某种程度上深刻地影响到了受众的生活方式与思维模式。相较于电子传播时代，互联网传播具有信息多元化的优势，其不仅能够通过文字、色彩、声音等多方位的信息传递带给受众更加强烈的感官刺激，并且可以实现媒介互动，让受众参与到媒介传播的整个过程中，成为信息传播的节点与内容制造者。同时，跨越空间障碍的信息传递和更为廉价的信息传播成本也为互联网传播的广泛性提供了无限可能。不仅如此，互联网传播能够有效地整合其他各种媒介，并为自身所用，这种强大的整合能力使其真正做到了取百家之长，补自身之短，变得面面俱到。这种八面玲珑、包罗万象的能力也让其克服了以往媒介的诸多弊病，顺利成为新一代的流行信息载体。例如，相比较于印刷品传播，它更为快速、直接、灵活，相较于口头传播，它具有更好的留存性，方便信息的追根溯源与保留传达，相较于电子传播，互联网传播的互动性为读者提供了更为广阔的选择空间，让受众成了消费和使用信息的真正主人。对于目前的互联网传播环境和网络媒介技术而言，互联网传播仍然具有一定的缺陷。首先，由于网络媒介权力分散、管控失调等问题，网络消息质量良莠不齐，对受众的影响力难以预测，极不稳定。其次，网络媒介中传播者和受众物理身份的缺失，使得网络媒介用户具有很大的隐蔽性，这就滋生了更多的网络媒介权力运作适当行为。再次，海量且无边无界的信息资源迫使网络媒介用户需要用更多的时间和精力辨别正确信息和所需的有效信息，极易造成用户的信息超载。最后，网络媒介的移动便利让许多用户产生了措施焦虑行为，严重的甚至会影响现实社会中的工作和生活。因此，网络媒介传播虽然优点众多，但也伴随着许多我们未曾面临的困难与挑战，解决这些问题仍然需要人们进一步的学习与探索，令其更好地为人类信息传播服务。

报道莫言的主流报纸包括《纽约时报》《纽约客》《纽约时报书评》《华尔街日报》《出版商周刊》《图书馆日报》等。一直以来，美国主流报纸、期刊书评大多给了莫言很高的评价。例如，在《红高粱》出版时，《纽约时报》评论说：通过《红高粱》这部小说，莫言把他的“高密东北乡”安放在世界文学的版图上；《泰晤士报文学副刊》认为：莫言显示出他是鲁迅——一位深切忧思中国人命运的优秀作家的真正继承人;《丰乳肥臀》出版时,《华盛顿邮报》评价说：此书也许是莫言成功的良机，或可令他获得诺贝尔文学奖的青睐;《华盛顿图书邮购大世界》评价说：这部长篇巨著有 500 余页，几乎跨越了整个 20 世纪，使莫言有获得诺贝尔文学奖的机会;《出版商周刊》评价说：引人入胜的细节，毫不畏缩的描写……莫言的这部小说是一次感官的盛宴……莫言的描写非常大胆，有时甚至极为冷酷，因为他的幽默有来自恐怖的东西，而整个故事非常吸引人，构思精巧，结构紧凑，更有许多有趣的插曲，带给读者满意的阅读……小说充满野性，令人回味……是一部非常值得一读的小说。这些评论都提高了莫言及其作品的知名度，影响着读者的态度。

（二）莫言英译作品的海外传播

1. 起始阶段——单一的媒介与形式

1988 年至 1991 年是莫言英译作品在海外传播的起始阶段。当时国内外已经有一些介绍中国文学的期刊和书籍。媒介的硬件条件也主要是电影、电视、书籍、报纸以及广播。这些媒介的信息传递速度、覆盖面仍然有一定的局限性。从社会环境来看，中国的经济和文化状况还处在发展初期，很少有西方发达国家愿意主动了解中国，这就导致了西方主流媒体对中国信息的报道并不是很多，即便是有，也都是一些带有有色眼镜的言论。因此，当时中国文学“走出去”的传播环境并不是非常乐观。抱着不同目的和态度的传播者会根据传播内容和环境选择相应的传播策略。这一时期的传播者主要是政府和学术机构支持的个人或集体。

中国政府和学者在这一时期扮演着重要传播者的角色，在政府机构支持下的传播动力源自国家荣誉感，传播的方式中规中矩，传播姿态是强势的、权威的，传播内容是严肃的，代表一个国家的形象，传播有较强的政治目的，带有国家的价值判断。由于当时中国迫切地希望将自己的文化外传，但是又缺少相应的经验和渠道，又没有敢于突破常规，因此，在选择媒介和形式的时候往往比较单一，《中国文学》期刊成为主要的传播阵地。《中国文学》是在时任对外文化联络事务局局长洪深的倡议以及文化部副部长周扬的认可下创刊的，创刊于 1951 年，《中国文学》起初由中国文学杂志社出版，外文局是其主管单位，从杂志的主办方可以看出，这部杂志是在政府支持下创办的，是中国自己开辟的向世界展现中国文化的途径。《中国文学》杂志所设定的受众是海外普通读者，由于其在传播态度上的盲目性以及对国际图书市场和传播环境的不了解，传播方以订阅的方式发行刊物。这种传播方式太过传统，与海外市场的现实情况脱节，导致这本杂志并没有真正地进入普通读者的视域范围。此外，《中国文学》中所收录的莫言英译作品的质量不高。莫言曾经这样评价《中国文学》，“这个外文杂志翻译的质量较差，聘请的专家水平有限”，因此，译者在这里所起到的传播作用微乎其微。

香港和海外的一些学术机构和学者也参与到了这一时期的传播中，学院传播即指由知识界推动的传播，传播的动力与专业领域的研究现状相关。传播往往以著作、刊物为载体，具有比较专业化的传播姿态，寻求的是专业领域内的对话，内容以学术为主，带有专业领域内的价值选择和判断，传播目的在于实现文化价值。因此，这些传播者往往在一开始就明确地知道传播范围有限，注重传播内容的学术价值，这些出版物有固定的受众，传播者也不在乎是不是能够在图书市场上获得销量，因此，传播者也不会花费更多的时间和精力考虑如何吸引读者，所以，在传播的媒介和形式的选择上不会非常重视。《译丛》是香港中文大学翻译研究中心创办的“汉译英文学期刊”，是带有学术特色的刊物，虽说面向的读者群体是专业读者，但是《译丛》凭借香港有利的传播环境，为莫言海外传播搭建了桥梁。纽约兰登书屋也是比较大型的出版机构，莫言的作品都是作为单篇小说被选入了专业性很强的小说选集中，由于不是非常经典的文学选集，一般读者不会选择阅读，出版社也不会花费很大的财力和物力对小说选集进行宣传。但是，从译文质量方面来看，香港和海外的译介还是有一定保证的，译者作为传播者，扮演了正面的角色，《译丛》发表的译作 70% 为约稿，译者大多为经验丰富的翻译家，或擅长翻译某种体裁的作品，并对某一作家素有研究的人，从而保证了翻译质量。

总结而言，这一时期的传播者以政府和学术机构为主，虽有明确的目的，但传播媒介和形式的选择单一，传播形式生硬。译者的水平较为一般，没有知名译者参与其中，由于缺乏固定的译者，译作没能形成完整的风格，更不用说是形成好的翻译策略。虽说起始阶段的传播策略较为单一，却为之后的传播积累了经验。

2. 初兴阶段——新的媒介与形式

1992 年至 1994 年是莫言英译作品在海外传播首次获得成功的时期，和起始阶段相比较而言，传播环境没有发生很大的变化。唯一发生较大变化的是传播者的心态和目的。进入20世纪90年代之后，人们对于纯文学的关注度有所减退，更多的是将目光投向了经济利益。除此之外，这一时期出现了一位比较重要的传播者，即莫言作品的著名译者葛浩文，他翻译完成了莫言的长篇小说《红高粱家族》，这部译作的出现填补了莫言长篇作品翻译的空白，吸引了众多海外知名出版社、学者、书评人的注意。

与《中国文学》的官方推动或是《译丛》的政府和学界有意为之不同，《红高粱家族》在海外的译介和出版均是译者和出版商的主动选择。葛浩文回忆阅读《红高粱家族》的体验是“没看几项，我就坐不住了”，认为《红高粱家族》可以作为他（莫言）的第一本与英语读者见面的作品，而出版社也为葛浩文所翻译的《红高粱家族》开出了天价。高昂的价格不仅显示出出版社的出版决心，也透露出《红高粱家族》乐观的市场预期。

这个乐观的市场预期主要来自两方面，一方面是出版社相信葛浩文的翻译实力，另一方面是电影《红高粱》为小说所做的宣传铺垫。首先，葛浩文是非常著名的翻译家，他的翻译不仅质量高，而且还有自己的特色，因此，这样的翻译无疑对莫言作品在海外传播起到一个很好的推动作用。葛浩文在翻译领域具有很高的成就，夏志清教授称葛浩文为“公认的中国现当代文学之首席翻译家”。不仅“首席”，甚至几乎唯一，莫言认为“如果没有他杰出的工作，我的小说也可能由别人翻成英文在美国出版，但绝对没有今天这样完美的译本”，并且坦言，从翻译的内容来看，“他的译本为我的原著增添了光彩”。相较于莫言此前对于《中国文学》杂志所刊载的译作的评论而言，这部小说的翻译似乎深得莫言的喜爱。从第二章对莫言译作的分析可以看出，葛浩文在译介莫言作品时确实采取了很多策略，最重要的策略就是一切从读者出发。这种“一切从读者出发”的翻译策略必然会受到出版社的青睐，使其愿意为译作进行广告宣传。其次，改编自莫言小说的电影《红高粱》在1988年获得了第38届柏林国际电影节最佳故事片金熊奖，这是中国电影获得的首个国际大奖。电影的获奖让莫言的作品首先以影像的方式传播到了海外，有了一定的知名度，虽说电影没有能够直接传播文本，却为后期图书的顺利发行提前做了宣传。

由于看好《红高粱家族》的销量，海外知名的商业出版机构成为这一时期的主要传播者，它们的出现颠覆了莫言译作在海外传播的策略。知名度较高的海外出版社在海外读者心中有着较高的媒体威望，这里的“威望”指的是“媒介的知名度、美誉度、社会地位、社会声望和媒介的覆盖范围、传播成就、获奖情况等”，读者更愿意购买这些出版机构出版的作品。这些出版机构目的明确，即希望通过出版书籍获得经济利益。传播者通常依靠大众媒介进行传播，形式综合化，传播姿态是平等的，内容较为多样。《红高粱家族》一开始就是作为一种商业运作，由西方大型出版社出版，位列于西方俱乐部的畅销书榜。它作为一本普通作用的图书而不是作为一种用来研究的图书，面对着大众读者推出，这相较于之前采取订阅的方式进步很多。再加上莫言的小说《红高粱家族》从出版之初就有着较好的传播环境，配上报纸杂志合适的宣传和推销，便变得势不可挡。至今,《红高粱家族》仍然是莫言小说作品中卖得较好的一部。

在这一时期的传播中，除了上述商业出版社外，海外有学术影响力的学术出版机构也将目光投向了莫言。哥伦比亚大学出版社出版了《狂奔：中国新生代作家》，其中收录了莫言的作品。相较于之前的中国大陆和香港地区的学术出版机构而言，海外的学术出版机构在海外有着更高的声望。但是，大学出版社也有不足之处，“大学出版社的缺点是，不管作品多么好，销路总是一般，因为没什么钱做广告，但它会持续地销售，也可以作为教材，虽然一年就卖个两三百本，三五百本，他们也很乐意的”。虽说学术出版机构不一定有很高的销量，但是它们坚持出售中国小说，而不会下架，使中国小说能够常年出现在受众的视线中，这也是很好的一个方面。

可见，这一阶段的传播以海外知名商业出版社为主，媒介的知名度较高，形式比较丰富，电影、大众刊物纷纷加入了译作的传播，使得莫言小说真正进入了大众传播渠道。莫言的小说开始有了固定的译者，形成较为稳定的译作风格。这一时期的传播策略可以总结为：以知名译者的翻译为基础，依托于电影的前期宣传、知名出版商的商业运作、报纸杂志的宣传推广，再加上学术出版社坚持不懈地销售。这一时期的策略比较灵活多样，将大众传播与学术性传播很好地结合在一起，奠定了莫言在海外的知名度。

3. 成熟繁荣阶段——多样化的媒介与形式

进入2000年后，莫言英译作品的传播进入了成熟阶段。2012年，莫言获得诺贝尔奖，为其译作的传播开辟了新的天地。与前两个时期相比，传播环境发生了比较大的变化。中国经济的发展推动了其国际地位的提升，随着中外贸易的发展，西方社会需要了解中国：中国在一些世界性和区域性组织中都扮演了重要的角色，提高了国家的影响力；随着举办诸如北京奥林匹克运动会、上海世界博览会等大型国际盛会，在海外部分城市举办中国文化年活动，提高海外读者对中国文化的兴趣，中国文化也逐渐地被世界所了解。随着科技的发展，媒介的现实环境也发生了变化，互联网的普及推动了中外民间交流，媒介的形式也变得丰富多样，并且易于使用。此外，与文学直接相关的传播环境也发生了变化：一方面，2012 年，莫言获得了诺贝尔文学奖，为其作品的传播创造了很好的环境；另一方面，随着媒体的发展，阅读纯文学文本越来越淡出人们的生活。传播的环境变得利弊共存，包括出版机构、民间组织、政府、文学爱好者、学者等在内的传播者，带着各自的目的传播作品。

海外主流商业出版社在此期间相继出版了莫言的长篇小说译作，许多译作还进行了再版，这证明莫言的小说有一定的销量。出版商在一些中国举办国际性盛会的年份出版中国作家的作品，也表现出了他们希望能够借助这些盛会产生的“中国热”，提高图书销量。在莫言成为第一位获得诺贝尔奖文学奖的中国籍作家后，出版商也看准了商机，加大宣传，希望能够为图书业创造一些销量。图书销量好，研究作品的学者、翻译作品的译者自然非常高兴，也会以更加积极的姿态致力于研究中国文学。

纵观莫言英译作品海外传播的全过程，学院传播无疑为传播提供了持续的能量，充当了坚实的后盾。无论是起步阶段还是成熟阶段，都需要译者对莫言作品进行翻译，也需要学界通过研究莫言作品来确定传播对象。《中国文学》在叶君健、杨宪益、戴乃迭等学者的参与下实现创刊目标的，《红高粱家族》在没有葛浩文译介的情况下也很难进入西方图书市场，特别是在成熟阶段的传播中，倘若没有学界对于莫言作品的持续关注和葛浩文等翻译家的坚持译介，莫言的其余作品则很难走向海外。面对中国自身实力的发展以及这么多年文化“走出去”的经验，中国以一种更加开放平和的心态面对文化“走出去”。还有一些文学爱好者出于兴趣爱好，在网上评论莫言的作品，目的只是分享自己的阅读感受，但是他们成了译作最为直接的传播者。可见，这一时期的传播者心态都比较积极平稳，目的多样化。

丰富的媒介也催生了多样化的形式，最普通的形式就是文字形式。除了海外各大学术性和商业性出版机构推出莫言的作品外，海外很多报纸杂志都对莫言及其作品进行过评论或者报道，为其传播创造了更好的条件。电影依旧扮演着重要的角色，例如，改编自《白狗秋千架》的《暖》、改编自《师傅越来越幽默》的《幸福时光》以及同名电影《白棉花》均获得了国际大奖，以光影的方式讲述了莫言的作品。诸如亚马逊一类的购书网站以及一些海外书评网站的出现，使得莫言译作的部分片段数字化，纸质出版物不再是其文字传播的唯一方式。此外，这些网站也为莫言的读者提供了交流读后感的平台。莫言也参加了一些海外活动，例如，在美国加州大学博克莱分校、科罗拉多大学博尔德校区、悉尼大学等高校进行演讲，参加意大利举办的文学节、参加法兰克福书展等，通过文本以外更为多元、直接的方式表述自己，给予海外读者一个面对面交流的机会，增进读者的了解。

总结来看，这一时期的传播已经形成了比较完整的格局。在第一时期扮演主要角色的学者、在第二阶段担任传播主力的海外出版机构和学者以及伴随着网络媒体出现而有渠道发声的读者个人都成了这一阶段的传播者。传统媒介和新兴媒介都有成了译作的传播载体，译作的呈现形式也变得更为丰富，纸质版、电子版都是获得译作的途径，形成了学术传播、官方传播、大众媒介传播相互配合、综合成熟的传播策略。

二、基于译介途径的翻译策略

（一）国家政策的引导是中国作品走向海外的动力

如今，“经典中国国际出版工程”“丝路书香工程”“中华学术外译项目”“中国当代作品翻译工程”等几大“走出去”工程的实施，加大了图书对外翻译出版的资助，让越来越多的海外读者通过图书了解“中国故事”，听到“中国声音”，认识“中国道路”，看到“中国发展”。国家还增加了一些奖励机制，如“图书版权输出奖励计划”等，在符合普遍奖励标准条件下，对各类版权输出主体申报的重点奖励图书，经专家评审通过后给予重点奖励。2006 年颁发的《关于鼓励和支持文化产品和服务出口的若干政策（国办发 [2006]88 号）》中第十二条规定：完善文化产品和服务出口表彰奖励机制。对将我国文化产品推向海外市场作出贡献的国内外媒体、中介机构和友好人士，要给予相应的表彰和奖励。优惠奖励政策给那些成功输出好书，在国外造成良好反响的出版机构、个人以奖励，激励他们有足够的动力将中国优秀的文学作品源源不断地输送出去。

国家政策的引导更为精准，政策设计更加优化，有效解决了因缺乏资金而导致的对外翻译动力不足的难题，加大了中国当代优秀文学作品的翻译出版和海外推广力度，扩大了中国文学语种覆盖范围，促进了中国出版业的国际化发展和中文图书的海外推广。精心挑选的文学作品，加快了国际化拓展，保证了海外传播落地的成效，推动了中国思想和文化在世界范围内的传播。

（二）中国作品“本土化”运作

随着中国文化“走出去”战略的实施，中国图书迈向世界的步伐也在逐渐加快。

早期“走出去”的做法是国家补贴中国人自己翻译作品，或者作为礼物赠送给外国人。

2001 年，新闻出版署做了一次“版权赠送”的尝试。在经过产品进入国际市场、版权进入国际市场等诸多尝试后，资本“走出去”比其他“走出去”方式更快捷，效果更明显，而中国作品海外出版要“本土化”运作这一环节也被重视起来。

所以，在推动中国文学“走出去”的过程中，应淡化中国运营模式，将编辑出版环节融入所在地区的社会环境，逐步获得海外合作出版、海外组稿的能力，寻求营销渠道的本土化，同时积极拓展国际合作，深耕有效的运营渠道，实现专业化运营，在出版理念、出版法则、出版制造上跟随国际水平。积极应用新技术，充分利用大数据的力量，精准营销，实现出版产品、市场和主要团队在海外的本土化与精细化。同时加大海外运营专业人才的培养，为图书产品的海外营销提供人才储备，在合资合作或收（并）购的企业内部，初期可保留原有人员进行远程管理，以全盘了解、实时监督为主，不做过多干涉，后期培养具有语言优势和丰富国际合作经验的国际编辑队伍，提拔一批基础扎实、知识面广、素质过硬，具有较高专业水平、国际视野、科学创新精神的复合型人才。

（三）与海外出版社密切合作

自莫言获得诺贝尔文学奖后，中国翻译学界开始重点关注莫言小说的海外译介与传播。首先，2012 年 12 月 12 日至 2012 年 12 月 13 日，上海大学英美文学研究中心和上海市比较文学研究会在苏州联合举办了“从莫言获奖看中国文学如何走出去——作家、译家和评论家三家谈”学术研究峰会；其次，2013 年 10 月 23 日，由上海市社会科学界联合主办，上海市比较文学研究会、上海外国语大学文学研究院承办的“中国文学走出去”“挑战与机遇”学术研讨会在上海外国语大学举行。不容忽视的是，上述学术研讨都基于一个共同的研究背景，即中国文学和文化“走出去”的议题。

翻译是一项跨文化交流行为，因这一作用得到了空前的重视。

立足海外市场，找作家合作，和其他出版社合作。因此，出版社一方面会和国内出版社合作，将现有书籍投入海外市场，另一方面会通过参加图书博览会、出版会议和学术会议等方式寻找已经开始着手写某本书的作家，或某领域的专家进行合作，进一步创作独特的内容。当然，不同的图书资源会有不同的出版流程。原创作品出版流程：编辑找作家合作—对作品进行编辑、设计—在海外印刷—和作者一起进行一系列宣传工作—线上线下同时销售；国内合作出版流程：海外编辑选题 / 海外编辑合作选题—中方提供译本—海外进行编辑和设计—在海外印刷 / 全彩图书中国印刷—线上、线下同时销售，发往海外进行售卖等。

（四）重视文学编辑和出版商的宣传推广作用

在文学研究的过程中，文学编辑的地位和价值一直处于被忽略的境地，有关文学编辑实践的研究也屈指可数。

莫言获得诺贝尔文学奖之后，多家出版商开始重新印刷、发行其文学作品。这些出版机构抓住莫言获奖的契机，掀起了一股莫言出版热的浪潮。由此可见，我们不能忽视文学编辑和出版商的宣传推广力量。提高文学编辑的待遇、多为文学编辑提供与作家访谈的机会、着力扶持出版机构、大力开展莫言小说的译介工作，作家与文学编辑和出版商之间是相互影响、相互渗透且密不可分的关系，只有共同合作才会使莫言小说的外译发展一路向前。

第四节 莫言英译作品译介受众

一、译介受众

（一）专业人士

这里的专业人士主要指西方翻译界人士。莫言在专业人士读者群中知名度还是比较高的，人们主要了解的是莫言的英译作品，葛浩文和诺贝尔奖是了解莫言的主要途径。

（二）大学生群体

大学生群体可以分为两类：一类是与东亚研究、汉语研究专业或与之相关的大学生，一类是与东亚研究或汉语研究不相关的大学生。

（三）普通受众

普通受众是译介的主要目标受众，传播信息只有到达普通大众才真正实现了传播目的。葛浩文对莫言作品的翻译没有采取全译法，他其实完全可以全译，但他认为翻译的目的是接受，为了使更多不懂汉语的英语普通读者接受并喜爱莫言的作品。

莫言英译作品受众主要在于专业读者，大学生受众和普通受众对莫言不够了解。不过比起其他中国现当代作家完全不为普通受众所知的状况，莫言已经开始慢慢走入西方读者的视野。

二、基于受众的翻译策略

接受群体是翻译交际活动的对象。莫言作品的受众包括西方翻译界的专业人士、汉学家、大学生和大众，受众覆盖面也越来越广。而在莫言作品译介的早期阶段，海外的受众相对较少。根据 1986 年的数据调查，在美国，中国英文文学的订阅者只有 1731 人，而且有特定的阅读群体。《一聪》的发行量在 1000~1200 册，但由于学术机构的影响力有限，所以接收群体有限。在译介的后期，特别是莫言获得诺贝尔文学奖之后，莫言作品的读者群有了很大的扩张，读者层次也不断丰富。莫言在西方翻译界和中国学者中享有盛誉，他们主要了解莫言的英文翻译作品，国外学术期刊上也有许多学者对莫言、莫言作品及其翻译的研究。大众是莫言英译作品的目标读者，这体现在译者对西方读者的翻译策略上，体现在主办方商业出版社后期在编辑、出版、装帧、宣传等方面为吸引普通读者所做的努力上。根据亚马逊网站上普通大众读者对莫言的英译作品的评价，较高的评分彰显了读者较高的满意度，销售量的不断上升也表明以普通读者为主的读者群的扩大。

译入效果主要包括译文的交流和接受效果。在当代中国作家中，与莫言实力相当的作家不在少数，但只有莫言成功跃入了西方主流文化视野，获得了诺贝尔文学奖，受到肯定，可见，他的翻译作品在海外传播的实际效果是非常显著的。莫言是中国当代最具代表性的作家之一，在海外翻译出版的作品较多。他的作品在国内外赢得了许多荣誉和奖项。诺贝尔文学奖是莫言译介的最直接、最有力的证据。除了奖项之外，小说的收藏量、图书销量和海外媒体的提及率也是衡量小说译介效果的重要指标。就莫言翻译作品集而言，莫言翻译作品集最多，影响最大。莫言获得诺贝尔文学奖后，他所有英文翻译作品的收藏量大幅增加。2012 年和 2013 年出版的《四十一炮》与《檀香刑》分别被 545 家和 487 家图书馆收藏。这说明莫言获奖客观上也促进了其作品译介效果的提高。就莫言翻译作品的销量而言，莫言作品在美国的销量相对优于英国，在获得诺贝尔文学奖后，都呈现出销量明显增长的趋势。据相关资料显示，莫言在获得诺贝尔文学奖前翻译的《生死疲劳》《丰乳肥臀》《天堂蒜薹之歌》《酒国》《师傅越来越幽默》5 部小说，总共仅卖出 12525 册。在 2014 年的“镜中之镜：中国当代文学及其译介研讨会”上，葛浩文指出，中国文学在英美等英语国家并不特别流行，这说明中国文学在西方的翻译效果并不乐观。事实上，中国有很多优秀的文学作品，但中国文学在海外的传播和接受，将涉及译者和经纪人的选择、版税的谈判、海外汉学家的提拔、海外出版社的宣传，这已成为中国文学走向世界的瓶颈。莫言的作品在翻译中获得了新生，在海外得到了广泛的传播和接受，在中国当代文学的海外传播中起到了主导作用，对中国文化和当代文学产生了深远的影响。

第五节 莫言英译作品译介效果

一、译介效果

（一）获奖

获奖是莫言作品译介效果最直接的体现。莫言共有100多种类型的作品在海外发行，作品有多语言翻译，称得上是海外翻译出版作品最多、最好的中国当代作家了。莫言在海外有着持续的影响力，使得他早已进入诺贝尔文学评奖委员会的视野。莫言以及其作品在国内外获得过很多荣誉和奖项：2000年，莫言获得了法国“儒尔·巴泰庸外国文学奖”；2004年，莫言获法国“法兰西文学艺术骑士勋章”；2005年，莫言获得意大利诺尼诺国际文学奖；2006年，莫言获得日本“福冈亚洲文化奖”；2008年，莫言获得美国“纽曼华语文学奖”；2012年10月11日，莫言获得2012年诺贝尔文学奖。这些荣誉和奖项都足以说明莫言作品译介的巨大效果。

（二）英译作品世界图书馆馆藏量

图书馆馆藏被认为是衡量图书的文化影响、思想价值，检验出版机构知识生产能力、知名度等要素最好的标尺。世界图书馆界采购图书通常采用某一学科划定若干个核心出版社的评价办法。采用莫言中外文作品的全球图书馆用收藏数据来衡量其世界影响力和译介效果，是一个具有说服力的评估标准。

（三）图书销售量

译介效果的另外一个重要衡量标准是图书的销售量。从销售记录可以看出：一是美国拱廊出版社有关莫言的图书在莫言获得诺贝尔文学奖之后销售量大幅增加。据拱廊出版社销售负责人介绍，这是因为莫言获奖的影响，更主要的是，拱廊出版社在莫言获得诺贝尔奖的时候有现书销售，而其他出版社为数不多的莫言书籍很快脱销的缘故。二是莫言作品英译新书《四十一炮》和《檀香刑》出版不久就有了几千册的销售，对于中国作家来说，其作品的销量若能在英语世界销售3000册已属不俗，以在外国销售超过3000册就可以算是成功标准来看，这已经是不错的业绩了。

（四）媒体提及率

媒体提及率也是衡量译介效果的一个重要参考。莫言及其作品在获得诺贝尔奖之前就得到了西方媒体评论人很高的评价。莫言的《师傅越来越幽默》出版后，引起美国文坛很大反响。美国《时代周刊》评论说“莫言是诺贝尔文学奖的遗珠”。莫言获得诺贝尔文学奖之后，因为西方主流媒体对其提及率提高，所以莫言作品译介效果也得到了很大的提高。

二、基于译介效果的翻译策略

（一）加强翻译国际合作

翻译文学中最常见且经常被探讨的问题有以下几类：以中国文学为例，外国翻译家不了解中国文化的内涵，在翻译的过程中，虽然通晓汉语，但会出现误译等理解错误的情况；中国的译者也会出现同样的问题，由于对英语理解不到位，僵硬的直译和词不达意使外国读者并不能理解这些译文的含义。所以，中外之间进行合作便可优势互补、相得益彰。

早在20世纪三四十年代，中国著名翻译家杨宪益与其在中国生活的英籍妻子戴乃迭便开始从事文学翻译工作。一中一西的合作模式令他们的翻译工作事半功倍，并且弥补了对方的不足。同理，对于莫言的小说，中国出版社和外国出版机构应全程合作，作者或国内出版机构应主动与外国出版机构建立联系，与国外出版社对作品出版的全部流程进行合作，包括版权、出版、营销和翻译等。我们既可以将原有版本提供给国外出版社进行翻译，也可由我方翻译之后交由国外出版社加工。如此加强对外翻译的国际合作，不仅可以保证译文的质量，还可以提高莫言小说的整体销量。

（二）注重译者

优秀的翻译是莫言获奖的帮助，但翻译对象的选择是中西文学交流真正“走出去”的关键。低劣的材料不能造就优秀的作品，迎合西方读者的作品也不是汉译的对象。翻译是一种跨文化交际行为，这已成为当代国际翻译界的共识。因此，有必要在跨文化、跨语言的框架下探讨文学翻译，重视翻译的可读性、可接受性、可传播性和影响力，使文学翻译从概念走向生活。

文学翻译是一次文化之旅，更是世界了解中国文学和文化的重要窗口和平台。在翻译过程中，对以下几个问题的思考是译者不可避免的。首先，接受英语国家。源语国家和目的语国家的文化是完全不同的，它们有着不同的民族特征和风俗习惯。西方国家在理解和诠释中国文化方面真的能做到公平吗？译者如何运用相应的翻译策略成功地传递原文？更重要的是，关键在于译者能否准确地再现原著的意思。译者在这方面起着关键的作用，这要求译者在不失原文风格的前提下，创造性地翻译和介绍译文，同时使译入语受众接受译文。其次，具体应用翻译策略。归化和异化一直是两种截然相反的翻译方法。

（三）加强中外文学融合

由于文化语境的差异和不可译性的始终存在，译者有时不得不对原文进行新的处理和改造。有评论认为，这是对中国文化精髓的误读。然而，经过仔细研究，我们发现大多数所谓的“误读”“遗漏”“修改”实际上都是由霍华德·戈德布拉特（Howard Goldblatt）这样的译者进行的创造性重构。

正如莫言的创作意识促使其荣获诺贝尔文学奖一样，文学翻译也强烈要求学者具备翻译意识和文化意识，这应该成为中西文学融合的正能量。翻译工作虽然要“走出去”，但要以“我”为中心，服务于我，而不是迷失自我、屈从于别人的喜好和价值观。由于文化语境的差异和不可译性，译者有时不得不以一种新的方式处理原文。

参考文献

[1] 佟磊 . 英语翻译理论与技巧研究 [M]. 长春：东北师范大学出版社，2017.

[2] 马予华，陈梅影，林桂红 . 英语翻译与文化交融 [M]. 长春：吉林人民出版社，2017.

[3] 陈雪松，李艳梅，刘清明 . 英语文学翻译教学与文化差异处理研究 [M]. 西安：西安交通大学出版社，2017.

[4] 赵娟 . 跨文化语境下英语翻译研究与教学创新 [M]. 北京：中国水利水电出版社，2018.

[5] 刘晓然，秦颖颖 . 跨文化交际视角下英语翻译研究 [M]. 哈尔滨：东北林业大学出版社，2018.

[6] 王静 . 跨文化视角下的英语翻译理论与实践探究 [M]. 长春：吉林人民出版社，2018.

[7] 彭宁 . 跨文化交际语境下的英语教学与翻译策略探究 [M]. 北京：九州出版社，2018.

[8] 张富民 . 文化交融视域中的英语翻译研究 [M]. 北京：光明日报出版社，2019.

[9] 杨轶芳，王琴，董娇 . 跨文化视角下英语翻译障碍及对策研究 [M]. 长春：吉林人民出版社，2019.

[10] 郭文琦 . 基于跨文化交际视角下英语翻译技巧与方法研究 [M]. 北京：北京工业大学出版社，2019.

[11] 张烨 . 基于跨文化交际的复合型英语翻译人才培养研究 [M]. 北京：中国书籍出版社，2019.

[12] 赵冰 . 跨文化传播视角下的英语翻译策略与技巧 [M]. 北京：化学工业出版社，2019.

[13] 王亚丽 . 文化融合背景下的英语翻译理论与技法研究 [M]. 北京：北京工业大学出版社，2019.

[14] 陈莹，吴倩，李红云 . 英语翻译与文化视角 [M]. 长春：吉林人民出版社，2020.

[15] 唐昊，徐剑波，李昶．跨文化背景下英语翻译理论研究与实践探索 [M]. 长春：吉林人民出版社，2020.
[16] 邓天卫．文化建构与文化欠缺对英语翻译实践的影响 [J]. 教育现代化，2017，4（39）：128–129.
[17] 马晶晶．文化翻译观下的中国英语和中国文化走出去 [J]. 成都理工大学学报（社会科学版），2017，25（3）：111–115.
[18] 孙岩，曹巍，杨曦．浅析英语翻译中跨文化语用失误的成因及其对策 [J]. 才智，2017（5）：67.
[19] 张志勇．英语文化对英语翻译效果的影响分析 [J]. 兰州教育学院学报，2018，34（4）：147–148，174.
[20] 李新颜．中西文化差异下英语翻译教学的策略分析 [J]. 福建茶叶，2018，40（12）：332.
[21] 李艳红．跨文化意识培养引导下的大学英语翻译教学设计 [J]. 黑龙江教育学院学报，2019，38（6）：136–138.
[22] 曹恒林．英语翻译中的跨文化因素与措施解读 [J]. 海外英语，2019（22）：11–12.
[23] 孟丽丽．英语翻译中跨文化视角转换及翻译技巧研究 [J]. 英语广场，2020（20）：42–44.
[24] 蒋晓霞．大学英语翻译教学中跨文化意识的培养策略分析 [J]. 科技风，2020（13）：95.
[25] 张诗雪．大学英语教学中跨文化翻译能力培养及策略研究 [J]. 科技风，2020（5）：81–82.
[26] 韩雪春．关于英语翻译中文化因素问题的思考 [J]. 才智，2020（4）：212.